AF391531

BIBLIOTHÈQUE

DES

CONNAISSANCES UTILES

LA BOURSE

AVIS

Cet ouvrage contiendra tous les ans les mêmes matières, sauf les modifications nécessitées par les changements qui pourraient survenir dans les valeurs de Bourse.

PARIS. — IMPRIMERIE DE DUBUISSON ET Cⁱᵉ, RUE COQ-HÉRON, 5.

BIBLIOTHÈQUE DES CONNAISSANCES UTILES

GUIDE-MANUEL

DU

PLACEMENT ET DE LA SPÉCULATION

À

LA BOURSE

OU

TRAITÉ THÉORIQUE ET PRATIQUE

DES FONDS PUBLICS FRANÇAIS ET ÉTRANGERS

PAR

HENRI ROUGEMONT

PARIS

PASSARD, LIBRAIRE-ÉDITEUR,

7, RUE DES GRANDS-AUGUSTINS.

Réserve de tous droits d'après les traités.

INTRODUCTION.

Les gens d'affaires et d'entreprises ont baptisé d'une façon très pittoresque, et parfaitement appropriée, l'action, le but et le résultat des placements de capitaux. Cela s'appelle, dans leur langage, *faire travailler l'argent*. Si cette définition offense quelque peu les moralistes, et contrarie la doctrine qui demande à chacun dans la société sa part de bras et d'intelligence, elle n'en est pas moins profondément vraie. Il est incontestable, en effet, que le principal moyen de faire fortune ne consiste pas aujourd'hui à prendre une part active et personnelle à la production, mais bien plutôt à employer habilement les sommes que les hasards de l'héritage ou les vertus domestiques de l'épargne mettent à la disposition des heureux, des patients et des sobres de ce monde. On sait très bien qu'il n'est possible de devenir riche qu'à la condition de posséder déjà quelque chose, et que si le travail conduit quelquefois à l'aisance, c'est quand il a permis d'amasser, au prix de rudes privations et de grands efforts, le capital que, plus tard, on lance dans les combinaisons diverses du prêt à intérêt. On peut donc dire, sans exagération ni injustice, qu'en notre siècle, un grand nombre d'hommes cherchent, et que quelques-uns parviennent à faire travailler l'argent en leur lieu et place.

Nous n'avons pas ici à examiner la moralité et les conséquences de ce fait : il nous suffit de constater qu'il existe, et que la généralité des fortunes prend bien plus souvent sa source dans le produit des capitaux accumulés que dans les résultats du travail personnel.

Un grand intérêt s'attache donc à l'étude des moyens si variés qu'on emploie de nos jours pour « faire travailler l'argent ». Pour tout le monde, c'est au moins un objet de curiosité. Pour certains, ce peut être un préservatif, une garantie contre les piéges tendus par la Spéculation sous l'apparence du Placement; car il faut bien distinguer ces deux choses. Le placement des capi-

taux à intérêt a sa raison d'être et son côté utile;
mais il ne lui est pas toujours facile de tracer une
limite à ses prétentions, et trop souvent il arrive,
par une pente fatale, aux combinaisons aventureuses de l'agiotage.

Nous avons fait ce petit livre dans cette pensée,
qu'un danger connu est à moitié évité.

Nous l'avons divisé en deux parties : la première indiquant, d'une façon aussi complète que
nous le permet notre cadre exigu, les différents
modes et les conditions des divers placements de
capitaux en usage ; la seconde expliquant ce
qu'on nomme « les opérations de Bourse. »

On nous pardonnera d'être entré dans des détails qui pourraient être trouvés puérils ou inutiles
par les personnes déjà au courant de ces matières; mais nous savons, par expérience, combien
il est nécessaire, pour la masse du public, d'expliquer clairement ces grimoires qui tiennent une
place si importante à la quatrième page des journaux, et dont la lecture n'est trop souvent que
de l'hébreu pour beaucoup de gens.

Pour atteindre ce but plus sûrement encore,
nous avons fait suivre les deux parties de notre
travail d'un petit dictionnaire raisonné des termes
de Bourse, présentant, sous une nouvelle forme,
les explications déjà données, et les complétant de
façon à ne rien laisser d'obscur pour nos lecteurs.

Nous y avons joint une série de calculs tout faits, applicables aux achats ou ventes de 100 fr. de rente à tous les taux, et quelques solutions arithmétiques des opérations qui se présentent le plus fréquemment.

Enfin, la table des matières a été l'objet de nos soins tout particuliers, en vue de faciliter les recherches du petit capitaliste au milieu des combinaisons si variées qui s'offrent à lui.

PREMIÈRE PARTIE

DES DIFFÉRENTS MODES DE PLACEMENT DES CAPITAUX.

L'acquisition d'immeubles et le prêt foncier.

Le placement des capitaux varie selon les habitudes
du possesseur. L'habitant des campagnes emploie généralement ses épargnes, soit à acquérir la propriété
des terres qu'il avait à loyer, soit à prêter sur hypothèque, par l'intermédiaire du notaire. La nature excessivement prudente et quelque peu défiante du
villageois a préféré jusqu'ici un revenu borné, mais solidement assis sur la propriété foncière, aux chances plus
ou moins aventureuses qui lui sont offertes ailleurs,

et quoi qu'en disent les défenseurs intéressés de la Bourse, c'est là une fort sage appréciation. Mais le développement financier, industriel et commercial de notre siècle a tellement multiplié les occasions et les tentations, qu'il est bien difficile de se contenter d'un revenu net de 2 à 4 pour 100 lorsque mille combinaisons vous en offrent 5, 6, 7, et quelquefois plus. Il faut bien du sang-froid et de la raison pour ne pas être entraîné par le torrent, et il faut aussi une grande expérience des affaires pour rester persuadé de cette vérité, cependant incontestable, qu'en matière de placement, plus l'intérêt offert est élevé, plus le risque de perte est grand. Car les plus brillants paradoxes ne feront jamais que la terre ne soit pas, pour un prêteur d'argent, le gage le plus sûr.

La Caisse d'Epargne.

Pour le petit capitaliste des villes, le premier mode de placement est la Caisse d'Epargne. C'est le réservoir d'où sortira ce premier billet de mille francs si difficile à amasser, et qui le constituera un jour, si Dieu lui prête vie, santé et chances heureuses, commerçant, industriel ou rentier, à son choix.

Les caisses d'épargne, multipliées et répandues dans outes les localités un peu importantes, reçoivent des versements depuis 1 franc jusqu'à 300 francs, et qui peuvent être renouvelés chaque semaine, jusqu'à ce qu'ils aient atteint la somme de 1,000 francs. Le titre de propriété consiste dans le *livret* que l'administration délivre au déposant, titre *nominatif*, puisqu'il contient les noms, prénoms, âge, profession et demeure du propriétaire.

L'intérêt des sommes déposées est de 4 0/0, compté à partir de la huitaine qui suit chaque versement. Mais l'administration, pour couvrir ses frais, fait sur cet intérêt une retenue qui ne peut être moindre de 1/4 0/0, et qui ne peut excéder 1 0/0. Le placement à la Caisse d'Epargne produit donc de 3 à 3 3/4 0/0, selon ce qui est décidé chaque année par le conseil des directeurs.

Quand les versements et intérêts ont atteint la somme de 1,000 francs, si le déposant ne se fait pas rembourser tout ou partie de cette somme, il devient d'office, au bout de trois mois, un rentier de l'Etat, car l'administration achète pour son compte, et sans frais, *dix francs* de rente dont elle lui remet le titre, et elle renouvelle cet achat pour une même somme chaque fois que le dépôt remonte à ce maximum de 1,000 francs qu'elle a fixé.

La Caisse d'Epargne est l'antichambre de la rente. Elle sert d'intermédiaire gratuit aux déposants qui veulent transformer leurs épargnes en inscriptions sur le grand-livre ; elle conserve au besoin les titres du petit rentier qu'elle a créé ; elle perçoit ses arrérages et les ajoute à son crédit. Et comme elle rembourse, dans un délai qui ne peut excéder quinze jours, les sommes qu'on lui demande, fût-ce la totalité du dépôt, elle oue jusqu'à un certain point le rôle de banquier des petites fortunes.

LA RENTE

Prêter à l'Etat, ou acheter une créance déjà existante sur lui, telle est l'action du rentier. Les gouvernements sont des débiteurs toujours obérés, accablés sous le poids des dettes de leurs prédécesseurs, et souvent obligés d'en contracter de nouvelles. Ils admettent cependant en principe le remboursement du capital dont ils payent l'intérêt chaque semestre, sous le titre de *rente;* ils ont créé à cet effet une caisse dite d'*amortissement,* qui doit périodiquement racheter un certain nombre de créances, et qui les rachète en effet ; mais comme ces rachats n'atteignent jamais le chiffre des nouvelles dettes, il s'en suit que l'amortissement, ou la libération du débiteur, reste à l'état de théorie

Il y a donc, comme nous l'avons dit, deux manières d'acquérir des rentes : la première consiste à acheter à la Bourse, par l'intermédiaire obligé d'un agent de change, un titre de rente, auquel correspond une inscription sur le grand-livre de la dette publique. En tout temps on peut devenir ainsi créancier de l'Etat : il y a toujours des personnes disposées à vendre les titres qu'elles possèdent. Seulement elles les vendent plus ou moins cher, selon les circonstances, et c'est ce qui donne un aliment et un prétexte aux spéculations dont il sera question dans la seconde partie de cet ouvrage.

La seconde voie pour acquérir des rentes ne s'ouvre qu'accidentellement, lorsque les gouvernements font des emprunts pour parer aux dépenses des grandes guerres ou des grands travaux publics. Ce n'est plus alors de vieilles créances qu'on achète, c'est de l'argent qu'on prête à l'Etat, soit directement, comme il a été fait pour les trois emprunts de la guerre d'Orient, en 1854 et 1855, soit indirectement, par le canal des banquiers, ainsi que cela se pratiquait et se pratiquera encore. Dans ce dernier cas, les banquiers soumissionnent l'emprunt, c'est-à-dire qu'ils s'engagent à verser dans les caisses de l'Etat une somme déterminée en échange d'une quantité donnée de rentes ; puis ils demandent au public l'argent nécessaire pour faire ces versements ; ils sont, en un mot, les intermédiaires du prêt, et ils courent les risques comme les avantages de l'opération, qui dépendront du plus ou moins d'empressement du public à répondre à leur appel.

TITRES DE RENTE : — *Nominatifs,* — *au porteur.*

Nous avons dit que la propriété d'une créance sur l'Etat se prouvait par un *titre de rente,* délivré originairement par le ministère des finances, et qui n'est autre chose qu'un extrait authentique de l'inscription de la créance au grand-livre de la dette publique. Mais ce titre peut revêtir deux formes bien distinctes, et dont les attributs sont bien différents : il peut être *nominatif* ou *au porteur.* Nous allons expliquer les avantages et les inconvénients attachés à l'une ou à l'autre de ces deux formes, et nous prions le lecteur de ne pas perdre de vue que ce que nous allons dire pour la rente s'applique également à des titres d'autre nature dont il sera souvent question dans cet ouvrage, aux *actions* et aux *obligations,* qui peuvent revêtir aussi la forme du titre nominatif ou du titre au porteur.

Pour plus de clarté, nous croyons utile de donner, avec nos explications, la reproduction exacte des deux espèces de titres dont nous venons de parler.

Le lecteur trouvera, aux deux pages suivantes, le modèle d'un titre nominatif de rente 4 1/2 0/0.

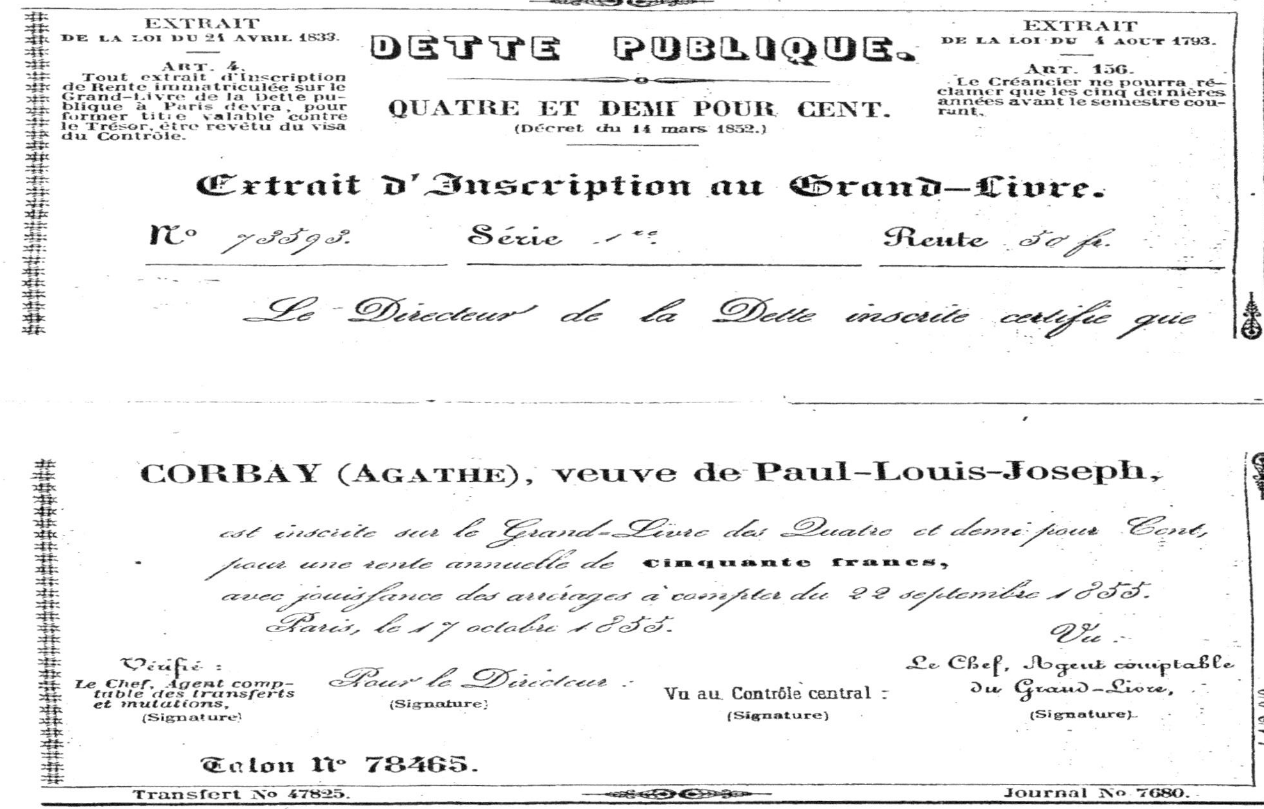

EXTRAIT
DE LA LOI DU 21 AVRIL 1833.

ART. 4.
Tout extrait d'inscription de Rente immatriculée sur le Grand-Livre de la Dette publique à Paris devra, pour former titre valable contre le Trésor, être revêtu du visa du Contrôle.

DETTE PUBLIQUE.

QUATRE ET DEMI POUR CENT.
(Décret du 14 mars 1852.)

EXTRAIT
DE LA LOI DU 4 AOUT 1793.

ART. 156.
Le Créancier ne pourra réclamer que les cinq dernières années avant le semestre courant.

Extrait d'Inscription au Grand-Livre.

N° 73593.   Série 1re.   Rente 50 fr.

Le Directeur de la Dette inscrite certifie que

CORBAY (AGATHE), veuve de Paul-Louis-Joseph,

est inscrite sur le Grand-Livre des Quatre et demi pour Cent, pour une rente annuelle de cinquante francs, avec jouissance des arrérages à compter du 22 septembre 1855.
Paris, le 17 octobre 1855.

Vérifié :
Le Chef, Agent comptable des transferts et mutations,
(Signature)

Pour le Directeur :
(Signature)

Vu au Contrôle central :
(Signature)

Vu :
Le Chef, Agent comptable du Grand-Livre,
(Signature)

Talon N° 78465.

Transfert No 47825.   Journal No 7680.

On lit au verso des titres nominatifs l'extrait suivant de la loi du 22 floréal an VII (art. 9) :

« Chaque payement sera indiqué *au dos de l'extrait d'inscription* par l'application qui y sera faite d'un timbre énonçant le semestre pour lequel le payement aura eu lieu et dont il aura été donné acquit.

NOTA. Les timbres de payement doivent être mis avec le plus grand soin dans chaque case.

» Les rentes sur l'État sont insaisissables (*Art. 4 de la loi du 8 nivôse an VI.*)

» Le payement n'en peut être suspendu qu'à la demande du titulaire ou de ses représentants légitimes. (*Art. 7 de la loi du 22 floréal an VII.*)

» Les arrérages sont payés par semestre, au 22 mars et au 22 septembre, à la Caisse centrale du Trésor public à Paris, et dans les départements, soit à la Recette générale, soit aux recettes d'arrondissement, soit même par les percepteurs communaux, à la volonté des rentiers.

» Les rentiers qui changent de résidence doivent, pour éviter tout retard dans le payement, en faire la déclation au receveur général du nouveau département au moins un mois avant l'échéance du semestre. Cette déclaration indique le nom du rentier, le numéro, la série, la somme de l'inscription, le département où la rente doit être payée et celui où elle l'était précédemment.

» Les receveurs généraux sont chargés d'opérer d'office, et sans autres frais que ceux de courtage justifiés par bordereaux d'agents de change, les ventes et achats de rentes que leur confient les particuliers. (*Ordonnance du 14 avril 1819, art. 21.*)

» Les ventes et acquisitions de rentes s'opèrent à la Bourse, au moyen de transferts et par l'entremise d'un agent de change. (*Arrêté du 27 prairial an X.*)

» Les autres mutations dans la propriété des rentes s'effectuent au Trésor sur la production du certificat déterminé par l'art. 6 de la loi du **28** floréal an VII.

» En cas de perte, les extraits d'inscription seront remplacés, après l'échéance du semestre, sur une déclaration faite par devant le maire en présence de deux témoins. (*Décret du 3 messidor an XII.*)

» Toutes les demandes concernant les rentes, adressées au Ministre (*Direction de la dette inscrite*) ou aux Receveurs généraux dans les départements, doivent être sur papier timbré. (*Loi du 13 brumaire an VII.*) »

Au bas de cet extrait figure une série de carrés blancs, au nombre de vingt, qui servent à recevoir l'un après l'autre l'estampille indiquant que le payement des semestres d'intérêts a été effectué. Lorsque ces carrés sont remplis, c'est-à-dire au bout de dix ans, le Trésor délivre de nouveaux titres, qui ne sont, du reste, que la reproduction rigoureuse des anciens.

Autrefois le ministre des finances délivrait seul des inscriptions de rente, et il n'y avait d'autre espèce de titres nominatifs que celle ci-dessus ; mais depuis **1819**, les receveurs généraux de chaque département sont autorisés à délivrer des inscriptions départementales visées et contrôlées par les préfets, et qui équivalent à celles que donne le directeur de la Dette inscrite. Ces titres sont transférables dans les départements comme les inscriptions le sont à Paris, et peuvent toujours être échangés contre des inscriptions ordinaires.

Voici maintenant, pages suivantes, le modèle d'un titre de rente **3 0/0** *au porteur.*

DETTE PUBLIQUE.

Trois pour Cent.

EXTRAIT DU COMPTE DU TRÉSOR PUBLIC.
(Son Compte de Rentes au porteur.)

Ordonnance du 29 Avril 1831.

№ 24981.   Reute 20ᶠ.

LE DIRECTEUR DE LA DETTE INSCRITE cer-
tifié que le Porteur a droit à une rente de

Coupon au Porteur.	Coupon au Porteur.
B. P. 10 fr.	B. P. 10 fr.
22 Juin 1860.	22 Décbre 1859.
Coupon au Porteur.	Coupon au Porteur.
B. P. 10 fr.	B. P. 10 fr.
22 Juin 1859.	22 Décbre 1858.
Coupon au Porteur.	
B. P. 10 fr.	
22 Juin 1858.	

— vingt francs —

avec jouissance du 22 juin 1855.

Paris, le 14 mars 1855.

Vérifé :
Le Chef. Agent comptable
des Transferts et Mutations.
(Signature)

Vu :
Le Chef. Agent comptable
du Grand-Livre.
(Signature)

Pour le Directeur :
(Signature)

Vu au Contrôle central :
(Signature)

NOTA. Le présent extrait, sur la demande du Porteur, sera converti
en inscription nominative, avec jouissance du semestre courant.

Transfert № 9398.   Journal № 23847.

On remarquera tout d'abord, entre le **titre nominatif** et le **titre** au porteur, une différence importante dans la manière de prouver que le semestre a été touché par le rentier. Pour le premier de ces titres, les commis du ministère des finances ou des recettes générales apposent sur le verso du titre, dans l'un des carrés qui y sont figurés, une estampille indiquant le payement et sa date, et, par conséquent, ce titre a besoin d'être produit, soit par le rentier, soit par un tiers qui donne son nom et son adresse. Pour toucher les arrérages du titre au porteur, il suffit de découper avec des ciseaux l'un des carrés de gauche ou de droite (selon la date indiquée); ce carré devient ainsi un *bon* ou *coupon* à échéance fixe, payable au porteur, sans qu'il soit même besoin de produire le titre. Toutefois, le porteur est obligé de donner son nom et son adresse, et de signer un reçu comme s'il s'agissait d'une rente nominative.

Il est maintenant facile de comprendre que le titre nominatif offre bien plus de sûreté que l'autre contre un vol, un abus de confiance ou une perte. On peut en faire toucher les semestres par un intermédiaire; mais en lui confiant le titre, on doit tirer de lui un reçu indiquant le numéro et la série, et en cas de perte, avec ce renseignement, s'en faire délivrer un *duplicata*. Le titre nominatif ne peut être vendu sans la signature du propriétaire, ou sa procuration bien en règle : cette vente est accompagnée d'une formalité qu'on nomme le *transfert*, laquelle ne peut s'opérer que par l'entremise d'un agent de change, qui certifie l'identité du vendeur et l'authenticité de sa signature.

Mais le titre au porteur offre bien plus de facilités pour sa réalisation immédiate en argent. Les *coupons* peuvent être détachés à l'avance et donnés en payement comme des billets à échéance plus ou moins éloignée, et sans qu'il soit besoin de les endosser : le titre lui-même peut être vendu de la main à la main, sans passer par le cabinet de l'agent de change et la Bourse : c'est une sorte de billet de banque, à cette différence près, que sa valeur n'est pas fixe. Ces facilités ont, du reste, nous l'avons dit, leurs inconvénients. Le plus grand est l'impossibilité, en cas de perte ou de vol, de réclamer de l'État un nouveau titre. Tout ce qu'on peut faire en pareil cas, si l'on a pris note exacte des numéros du titre, du transfert et du folio du journal, c'est de consigner ces renseignements dans la plainte qu'on portera en justice, ou dans l'opposition qu'on formera aux mains du Trésor, pour qu'il ne paye pas les arrérages. Il sera peut-être possible alors de découvrir son voleur. Mais en cas de destruction par incendie, inondation ou autrement, du titre au porteur, nous le répétons, il est perdu pour le propriétaire, tandis qu'il n'en est pas de même du titre nominatif.

Les titres de rente, nominatifs ou au porteur, sont extraits de registres à souche, déposés au ministère des finances, et les propriétaires ont toujours le droit de s'assurer, en rapprochant le *talon* de la *souche*, que leur titre existe bien réellement et n'est pas l'œuvre d'un faussaire. Nous n'avons jamais entendu dire qu'on ait contrefait entièrement des titres de rente ; mais on a quelquefois pu tenter de les surcharger et d'en changer le chiffre. La faculté accordée par la loi permet, si l'on avait quelques soupçons sur la valeur d'un titre, de savoir immédiatement à quoi s'en tenir.

Un dernier mot sur les rentes en général. Elles ont sur toutes les autres valeurs un immense avantage : elles sont *exemptes d'impôt* et *insaisissables*.

Le *minimum* des coupons de rente, qui était autrefois de 10 fr., a été réduit à 5 fr. par un décret du 7 juillet 1848.

2

Une simple formalité de *transfert*, par une démarche au Ministère des finances ou par l'intermédiaire d'un agent de change, permet de changer la nature des titres, en rendant nominatives les rentes au porteur, et mettant au porteur les rentes nominatives. On peut aussi réunir plusieurs inscriptions en une, comme on peut en diviser une seule en plusieurs.

Nous allons décrire maintenant les diverses espèces de rente, et nous essayerons de faire comprendre pourquoi l'intérêt n'est pas le même dans chacune, et comment certaines d'entre elles sont plus chères que d'autres.

Autrefois, de 1802 à 1825, on ne connaissait que le 5 0/0 ; aujourd'hui il n'existe plus : on vend à la Bourse le 4 1/2 ancien, le 4 1/2 nouveau, le 4 et le 3 0/0. Voici successivement quelle a été l'origine de ces quatre divisions de la dette publique.

Le 3 0/0 et le 4 1/2 (ancien) ont été créés sous le ministère de M. de Villèle, en 1825. Le 3 0/0 avait pour but d'indemniser les émigrés dont les biens avaient été confisqués pendant la Révolution, avec trente millions de rente, représentant un capital d'un milliard. Ne pouvant payer le milliard, on en paya et on en paye encore la rente. C'est une dette à peu près perpétuelle, comme celles dont nous allons parler, et qui ont donné naissance au 4 1/2 et au 4.

Les dettes de l'ancienne monarchie, de la Révolution et de l'Empire, après avoir subi des réductions forcées équivalant à une banqueroute partielle, formaient, en 1825, ce qu'on appelait le 5 0/0 consolidé. M. de Villèle offrit aux porteurs du 5 0/0 ce qu'on nomme une *conversion* de rentes. Ceux d'entre eux qui voulurent prendre en échange le 3 0/0 qui venait d'être établi, ou le 4 1/2 qui fut créé quelques jours plus tard, obtinrent de ne pouvoir être remboursés avant dix ans, à partir de 1825. Or, à cette époque, l'état des finances permettait de suspendre sur la tête des rentiers la menace du remboursement, et un certain nombre d'entre eux préféra la conversion, qui se traduisait cependant par une diminution dans les arrérages, à l'idée de se voir rendre un capital dont ils ne pensaient pas trouver ailleurs, à ce qu'ils croyaient, un intérêt égal à celui que leur offrait encore la conversion. Une opération absolument semblable, mais plus décisive en ce qu'elle a été forcée, au lieu d'être facultative comme celle de 1825, a été faite en mars 1852. On a accordé dix ans de garantie contre le remboursement aux derniers porteurs du 5 0/0, s'ils voulaient accepter le 4 1/2 qu'on créait en ce moment, et l'on a imposé le remboursement à ceux qui n'accepteraient pas. L'opération de conversion a parfaitement réussi, et, sauf quelques exceptions, la plupart des rentiers du 5 ont subi volontairement une réduction d'un dixième sur leurs revenus, aimant mieux accepter 4 fr. 50 c. d'intérêt annuel d'un capital qui, selon eux, ne leur aurait offert nulle part, avec les mêmes sûretés, un placement aussi élevé. Telles sont les origines du 4 1/2 ancien et du 4 1/2 nouveau, qui, bien qu'identiques comme taux d'intérêt, sont cependant inscrits séparément au grand-livre et n'ont pas la même valeur à la Bourse. Le 4 1/2 nouveau est préféré, parce qu'il est garanti jusqu'en 1862 contre le remboursement, tandis que l'ancien a cessé de l'être en 1835.

Il ne nous reste plus à parler que du 4 0/0. Il a pour origine un emprunt fait par la Restauration au commencement de l'année 1830. C'est le moins important des fonds publics.

Les arrérages semestriels de ces quatre espèces de rente se payent, soit au ministère des finances, soit à la caisse des receveurs généraux, ou chez les percepteurs des contributions directes, à partir des époques suivantes :

Le 4 0/0 et le 4 1/2 0/0 (ancien et nouveau) au 22 mars et au 22 septembre,

Le 3 0/0, au 22 juin et au 22 décembre.

Du prix de la Rente.

Ce qui rend si difficile l'étude des questions de Bourse pour les gens qui n'ont jamais participé à ses opérations, ce sont les mots. Ainsi, pour qui croit raisonner juste, quatre et demi pour cent devrait signifier que pour cent francs, on reçoit une rente annuelle de quatre francs cinquante centimes. Or, c'est précisément le cas qui se présente le moins souvent ; quand par hasard il se produit, et ce n'est que pour un jour, la rente est au *pair*. Mais, nous le répétons, rien de plus rare que la rente au pair. Pour le 3 0/0, la chose, on peut le dire, est à peu près impossible. De ces deux termes, *quatre et demi*, et *cent*, un seul est fixe, c'est le premier, qui représente l'intérêt. Le second, qui indique le capital nécessaire pour obtenir cet intérêt, est excessivement variable. Dans le cours d'une Bourse, qui dure deux heures, il peut, de cinq centimes en cinq centimes, s'abaisser ou se hausser de plusieurs francs ; d'une semaine à l'autre, il peut subir des variations bien plus considérables encore. Pour bien comprendre une opération de placement, il faut considérer la *rente*, autrement dit l'intérêt, comme une marchandise ordinaire, soumise à la loi de l'offre et de la demande, d'autant plus chère que beaucoup veulent l'acheter en même temps, et à plus bas prix, lorsque ce sont les vendeurs qui l'offrent (1).

Ainsi donc, lorsqu'on veut acheter 45 francs de rente

____

(1) Ce que nous disons ici s'applique à toutes les valeurs.

4 1/2 0/0, c'est comme si l'on achetait dix titres de 4 fr. 50 c. chacun, et le prix officiel que l'on voit chaque jour dans la quatrième page des journaux est le prix de ces 4 fr. 50 c. Quand on dit que le 4 1/2 a valu hier au comptant 92 fr., cela veut dire que l'acheteur a payé autant de fois 92 fr. qu'il a voulu de fois 4 fr. 50 c. de revenu, soit 920 fr. pour 45 fr. de rente.

S'agit-il du 4 0/0 ? Si la cote officielle des journaux annonce que le 4 est à 82 fr., cela signifie que l'acheteur de 100 fr. de rente 4 0/0 a dû payer 25 fois 82 fr., puisque 82 fr. donnaient à ce moment 4 fr. d'intérêt annuel, et que 25 fois 4 font 100.

Même raisonnement à l'égard du 3 0/0. S'il est coté à 69 fr. 25, et qu'on veuille acheter 60 fr. de rente sur cette valeur, il suffit de se dire que, puisque 60 représentent 20 fois 3, c'est 20 fois 69 fr. 25 c. qu'on aura à payer pour cet achat.

Nous donnons à la suite de ce volume quelques notions arithmétiques qui se rapportent à ces opérations.

Si le lecteur a bien compris ce que nous venons de dire de la hausse et de la baisse du capital produisant un intérêt fixe, il nous reste à expliquer quelque chose qui ne s'apprécie pas toujours avec la même rapidité : la différence de valeur qui existe entre les quatre espèces de rente. Le 4 1/2 0/0 à 90 fr. et le 3 0/0 à 60 fr. sont égaux en valeur ; c'est de l'argent placé au denier 20, à 5 0/0 ; mais par le fait ces deux fonds publics ne gardent jamais cette même proportion. Le 4 1/2 coûte moins cher, et rapporte plus (c'est la conséquence) que le 3 0/0. En sorte qu'on s'explique difficilement pourquoi l'on achète du 3 0/0, quand il est clair comme le jour que le 4 1/2 est plus avantageux. En voici la raison ou le prétexte. Le 4 0/0 et le 4 1/2 ancien courent la chance d'une conversion comme celle qui a atteint le 5 : cela peut arriver demain, bien que ce ne soit guère probable. Le 4 1/2 nouveau lui-même n'est garanti que jusqu'en 1862, tandis que le 3 0/0 paraît à l'abri, son chiffre nominal d'intérêt le destinant naturellement à devenir le type unique de la rente, quand on voudra la ramener à l'unité. Ces raisons, plus ou moins spécieuses, déterminent les grands marchés de la spéculation, qui n'opère guère que sur le 3 0/0 ; les gens qui achètent des rentes pour les garder, avec une certitude de ne pas courir de chances de remboursement avant quelques années, choisissent le 4 1/2 nouveau, et ceux qui préfèrent une bonification d'intérêt prennent du 4 1/2 ancien ou du 4. D'où suit que le 4 1/2 ancien est généralement meilleur marché que le 4, lequel coûte moins cher que le 4 1/2 nouveau, et enfin que le 3 est relativement beaucoup plus cher que les autres.

La rente française est la principale des propriétés qu'on nomme *valeurs de Bourse;* mais elle n'est pas la seule, il s'en faut. Nous allons faire passer successivement sous les yeux du lecteur toutes les occasions de placement ou de spéculation qui sollicitent les capitaux, en commençant par celles qui offrent une grande analogie avec la rente, c'est-à-dire par les fonds publics étrangers, dont le gouvernement autorise la vente et l'achat à la Bourse, et qui figurent au cours officiel publié chaque jour par le *Moniteur.*

Ce que nous venons de dire sur le mode de vente de la rente française s'applique également aux fonds publics étrangers. La théorie et la pratique sont absolument les mêmes.

LES FONDS PUBLICS ÉTRANGERS

Piémont.

Au grand tableau du *Moniteur* on voit figurer chaque jour le **5 0/0** piémontais, qui date de **1849**, et le **3 0/0** du même pays, émis en **1853**.

Le Piémont a encore du **4 0/0** de trois dates différentes, qu'on cote à la Bourse, mais qui ne figurent pas au *Moniteur* : le premier est de **1834**, le second de **1849**, le troisième de **1850**.

Autriche.

On ne trouve au *Moniteur* qu'un **5 0/0** autrichien, bien qu'il s'en produise deux à la Bourse, l'un de juillet, l'autre de septembre **1852**. L'Autriche apporte encore sur notre marché ses obligations *métalliques*, au porteur, à l'intérêt de **3** et de **4 0/0**, garnies de coupons qui sont détachés et payés tous les six mois. Le capital primitif ou nominal de ces obligations est de **2,600** francs (**1,000** florins).

Il y a encore les *Lots d'Autriche*, obligations de **1,300** fr. de capital, divisées en 5 coupons de **260** fr., remboursables avec primes et lots dans des tirages annuels qui dureront jusqu'en **1860**.

Portugal.

La troisième et dernière rente étrangère mentionnée au grand tableau du *Moniteur* est le **3 0/0** portugais. Les fonds publics de ce pays comportent en outre un **4 0/0** et un **5 0/0**, provenant d'emprunts négociés en Angleterre, et dont MM. de Rothschild payent à Paris les intérêts.

Belgique.

Le tableau de Bourse du *Moniteur* consacre une deuxième partie à quelques fonds étrangers, en tête desquels figurent les emprunts belges, de 5, 4 1/2, 3 et 2 1/2 0/0, en obligations de 1,000 francs. Il y a encore un emprunt belge de 4 0/0 ; mais il n'est pas négocié à la Bourse.

On cote aussi, au *Moniteur*, la Banque belge : 20,000 actions de 1,000 fr., 1re série (4 0/0), et 10,000 actions de 1,000 fr., 2e série (5 0/0).

Naples.

Puis viennent les *Napolitains*, appelés récépissés Rothschild, parce que ces banquiers ont été autorisés à transformer une partie de ces rentes, originairement nominatives, en certificats au porteur, garantis par leur signature. (5 0/0).

Etats-Romains.

Obligations de 1,000 fr., à l'intérêt de 5 0/0.

Haïti.

Emprunt de 30 millions à 6 0/0, réduit à 3 0/0 en 1839.

Espagne.

L'Espagne nous offre cinq fonds publics, tous réduits en 3 0/0 :

La dette active.

La dette passive nouvelle, non productive d'intérêt.

La dette différée convertie, capitalisation d'arrérages non payés.

La dette intérieure, c'est-à-dire souscrite en Espagne.

Le 3 0/0 extérieur, 1841.

Turquie.

Emprunt de 125 millions à 6 0/0, datant de 1854.

Hollande.

Le 2 1/2 0/0 hollandais figure seul au second tableau du *Moniteur;* mais, en dehors de la Bourse, MM. Mallet frères négocient deux autres fonds publics de ce pays, le 3 et le 4 0/0.

Grèce.

Emprunt de 60 millions 5 0/0, datant de 1833, et garanti pour un tiers par la France, les deux autres tiers par l'Angleterre et la Russie.

On négocie encore à la Bourse plusieurs fonds publics qui ne sont pas enregistrés au *Moniteur* : le 3 0/0 anglais, l'emprunt russe (4 1/2), le 3 et le 5 0/0 toscans.

Nous n'avons donné sur les fonds publics étrangers que des détails très sommaires ; en effet, ils sont exclusivement du domaine de la grande spéculation : les petits capitalistes n'y touchent point, parce que le gouvernement, tout en permettant que les titres paraissent sur le marché, n'entend nullement les garantir, et ensuite parce qu'ils offrent des risques que ne veut point courir le petit capitaliste. L'achat et la vente de ces valeurs s'opèrent comme pour la rente française, et les arrérages se payent chez les banquiers correspondants de chacun des gouvernements à Paris.

LES BONS DU TRÉSOR

Les bons du Trésor font partie de ce qu'on nomme la dette flottante, c'est-à-dire remboursable dans un délai plus ou moins rapproché. Ce sont les titres de petits emprunts provisoires que fait le gouvernement, pour pouvoir attendre la rentrée des impôts. Ils sont à échéance fixe de trois mois, six mois ou un an, et l'intérêt qu'ils portent, fixé lors de leur émission, est toujours d'autant plus élevé que l'échéance est plus lointaine. Il est descendu, à certaines époques, à 2 0/0 l'an; et à d'autres il s'est élevé jusqu'à 6. Le placement en bons du Trésor est essentiellement provisoire, et il n'y a guère que les gens très riches ou les grandes caisses qui l'emploient pour utiliser momentanément des capitaux qu'ils veulent tenir à peu près disponibles.

LES EMPRUNTS DÉPARTEMENTAUX ET MUNICIPAUX.

Emprunt du département de la Seine.

Une loi du 17 juillet 1856 a autorisé le département de la Seine à emprunter 70 millions, pour couvrir les dépenses arriérées des enfants trouvés et des aliénés, ainsi que les avances de la caisse de la boulangerie.

Cet emprunt a été concédé le 9 février 1857, à la commandite *Calley-Saint-Paul*, rue Saint-Arnaud, à Paris, qui l'a émis à 205 fr. en obligations au porteur, produisant 9 fr. d'intérêt annuel (payables les 1er janvier et 1er juillet), et remboursables à 225 fr. en trente ans, par des tirages semestriels ayant lieu les 1er mai et 1er novembre, et offrant huit lots :

Un lot de   100,000 fr.;
Deux lots de   10,000 fr.;
Cinq lots de   1,000 fr.

Deux cinquièmes ont été versés en souscrivant, le troisième le 1er juillet 1857; les quatrième et cinquième versements doivent être faits au 1er janvier et au 1er juillet 1858.

Cette valeur est restée constamment jusqu'ici au-dessous du pair.

Emprunts de la Ville de Paris.

En 1849, 1852 et 1855, la ville de Paris a successivement emprunté 25, 50 et 60 millions, aux conditions que nous allons rappeler.

Emprunt de 1849. — L'emprunt de 25 millions de 1849 a été divisé en 25,000 obligations au porteur de 1,000 fr. (capital nominal), qui ont été souscrites au prix de 1,105 fr. par la maison de banque Béchet et Dethomas. Elles produisent 5 0/0 d'intérêt (50 fr.) payables par semestre, et donnent droit en outre aux chances des tirages qui ont lieu le 1er mars et le 1er septembre, dans lesquels :

le	1er numéro sortant gagne	30,000 fr.
le	2e...................	15,000
le	3e...................	10,000
le	4e...................	7,600
les	5e, 6e et 7e, chacun....	3,000
les	8e, 9e, 10e et 11e, chacun.	2,000
Du	12e au 17e, chacun......	1,000
Du	18e au 33e, chacun.....	500

Et le 34e un appoint variable entre 471 et 1,791 fr.

A ces mêmes tirages un certain nombre d'obligations, désignées par le sort, sont remboursées au capital de 1,000 fr. Les dernières sortiront au tirage du 1er mars 1859.

Depuis huit ans, ces valeurs ont été cotées au plus haut 1,260 fr., au plus bas 990.

Emprunt de 1852. — Cet emprunt de 50 millions, adjugé de la même manière et au même banquier que le précédent, n'en diffère que par le nombre et la valeur des lots. Le capital remboursable des obligations est de 1,000 fr., (elles ont été souscrites au prix de 1,227 fr. 82 c.). L'intérêt est de 5 0/0, payable tous les six mois, plus un droit aux tirages des 1er mai et 2 novembre, offrant les lots suivants : —

```
Au 1er numéro sortant...........    50,000 fr.
      2e ..........................    20,000
      3e ..........................    15,000
      4e ..........................    10,000
      5e  et 6e, chacun...........     5,000
Du 7e   au 12e, chacun.........     3,000
Du 13e  au 20e, chacun..........    2,000
Du 21e  au 34e, chacun..........    1,000
Du 35e  au 59e, chacun.........       500
Le 60e une prime moyenne de..       2,500
```

A partir du 1er mai 1859, les remboursements auront lieu par la voie du sort, pour être terminés entièrement le 2 novembre 1870.

Depuis cinq ans, les obligations de cet emprunt ont varié de 1,040 à 1,410 fr.

Emprunt de 1855. — Celui-ci a été conçu dans un autre système. Il a été souscrit publiquement, comme les emprunts de l'Etat pour la guerre d'Orient. Ses 150,000 obligations au porteur, payées 400 fr. chacune, en 7 termes, dont le dernier a expiré en mars 1857, seront remboursables de 1858 à 1897, au taux de 500 fr. Mais en échange, elles ne produisent que 15 fr. d'intérêt annuel, payables par semestre. Elles donnent droit, le 1er février et le 1er août de chaque année, aux chances d'un tirage dont voici les lots :

```
1er numéro sortant......   100,000 fr.
Du 2e au 5e, chacun....    10,000
Du 6e au 15e, chacun...     1,000
```

Jusqu'ici la valeur de ces obligations est restée un peu au-dessous de la somme versée, 400 fr.

Emprunt de Lyon (1854).

Capital : **8,364,000** fr., divisés en obligations au porteur de 1,000 fr., portant intérêt à 5 0/0, payables en janvier et juillet, et remboursables en cinquante ans, à partir de 1855, au taux de 1,250 fr.

Ces obligations atteignent difficilement le prix de la somme versée.

Emprunt de Marseille (1849).

9,000 obligations de 1,000 fr. au porteur, adjugées à MM. Béchet et Dethomas au prix de 1,030 fr., remboursables au pair dans un délai de quinze ans. Intérêts 5 0/0 payables en janvier et juillet. Les 1er juin et 1er décembre, tirages des obligations à rembourser, et chances de gagner :

Le 1er numéro sortant.	15,000 fr.
Le 2e	10,000
Le 3e	5,000
Le 4e	2,000
Le 5e	1,000
Du 6e au 9e, chacun. . .	500
Le 10e, en moyenne. . .	435

Ces obligations ont varié de 1,015 à 1,060 en Bourse.

Emprunt de Bordeaux (1852).

4,800 obligations de 1,000 fr. portant 4 0/0 d'intérêt, payables en mars et septembre, et remboursables en vingt-cinq ans au taux de 1,250 fr.

Emprunt de Bruxelles (Belgique).

70,000 obligations de 100 fr. au porteur, produisant 3 0/0, payables fin mars. Remboursement au pair, en soixante-six ans, par la voie du sort. Tirage le 31 décembre, avec les lots suivants :

<pre>
1er numéro sortant. . . . .   25,000 fr.
Du 2e au 4e, chacun.   10,000
Le 5e   4,000
Du 6e au 40e, depuis 1,000 jusqu'à   200
</pre>

Les emprunts des grandes villes sont nombreux; mais leur négociation étant presque toujours restreinte à la localité, nous n'avons parlé que de ceux dont les titres arrivent, en raison de certaines circonstances, jusque sur le marché central.

SOCIÉTÉS ANONYMES ET EN COMMANDITE.

Organisation générale de ces associations de capitaux.

Les placements dont nous allons désormais nous occuper offrent un autre caractère que ceux que nous avons précédemment décrits. Les fonds qu'on y consacre ne sont plus garantis d'une manière aussi sûre; mais, par contre, l'intérêt peut s'élever beaucoup plus, selon le succès des entreprises.

Les grandes associations dans lesquelles on appelle l'argent du public revêtent principalement deux formes : la Société anonyme et la Société en commandite.

Dans cette dernière, les directeurs sont choisis par les intéressés, qui peuvent les révoquer à leur gré, et ces directeurs sont responsables, même par corps, de leur gestion. Dans la société anonyme, les chefs n'ont plus aucune responsabilité commerciale à encourir; mais il faut qu'ils soient agréés par le gouvernement, et qu'ils subissent la surveillance d'un commissaire spécial nommé par le pouvoir. Bien des faits ont prouvé que cette surveillance n'était pas toujours très active : néanmoins, les sociétés anonymes, et surtout celles qui, comme la Banque, le Comptoir d'escompte et le Crédit foncier, ont reçu l'appui du gouvernement, qui a dicté en quelque sorte les conditions de leur existence, ces sociétés, disons-nous, obtiennent bien plus de faveur que les simples commandites.

Voici le mécanisme général de ces deux formes de sociétés.

Le capital social, c'est-à-dire la somme consacrée aux opérations de la société, est divisé en un certain nombre d'actions ou parts. Ces actions sont quelquefois nominatives, et, dans ce cas, leur transfert exige l'intervention d'un agent de change, comme nous l'avons expliqué pour les rentes : le plus souvent elles sont au porteur, et peuvent se transmettre de la main à la main. Les titres de ces dernières, comme les titres de rentes au porteur, sont souvent accompagnés d'un certain nombre de coupons, qu'on détache à chaque échéance de payement des intérêts. Il en est d'autres qu'on estampille à chaque payement, sur le dos du titre lui-même, comme on fait pour la rente nominative. Dans certaines sociétés, les actions sont divisées en coupures : il y a, par exemple, des actions de 500 francs qu'on peut fragmenter en cinq coupures de 100 fr.

Au début d'une société, il arrive presque toujours que les souscripteurs d'actions, comme nous l'avons vu pour les titres d'emprunts de la ville de Paris, payent successivement par à-comptes ou *versements*, en échange desquels ils reçoivent des titres provisoires portant *promesse d'actions :* on ne leur délivre le titre définitif, qui devient alors ce qu'on nomme une *action libérée*, qu'après le dernier versement.

Les actions donnent droit, en principe, à une part proportionnelle dans les bénéfices de l'entreprise, et au partage également proportionnel de l'actif social au moment de la dissolution de la société, soit qu'elle ait atteint le terme légal de son existence, soit qu'une circonstance quelconque l'oblige à devancer ce terme. Il est bon de rappeler ici qu'en cas de perte sur les opérations, les actionnaires ne peuvent jamais être obligés à payer les dettes : ils ne sont engagés que pour ce qu'ils ont versé ou promis de verser.

Les bénéfices de l'entreprise, dont les actionnaires sont coparticipants pour la totalité, sauf une petite part que l'on réserve presque toujours aux directeurs, sont distribués, tantôt sous une forme unique, le *dividende*, tantôt en deux parts distinctes : l'une, fixe, qui prend le nom d'*intérêt*; l'autre, mobile, qui est le *dividende*. Le double mode est surtout adopté dans les sociétés qui ont reçu du gouvernement une sorte de subvention sous forme de garantie d'intérêt. On comprend alors que les bénéfices, tout éventuels, qui constituent le *dividende* à distribuer, ne se confondent pas avec l'*intérêt*, dont le payement est assuré.

Indépendamment des *actions* qui composent leur capital social, un certain nombre de compagnies, et notamment celles qui ont pour but l'exécution des grands travaux publics, émettent encore des *obligations*, titres dont la valeur et le produit d'intérêt sont bien différents de ceux des *actions*. Les obligations représentent de l'argent prêté aux compagnies, autrement dit aux actionnaires, avec condition de remboursement et d'intérêt fixe. Ainsi, pendant que l'actionnaire court les chances de l'opération et qu'il peut tirer 15 0/0 par an de son argent ou le perdre entièrement, le porteur d'obligations, lui, est un prêteur privilégié qui sera remboursé, à une époque fixée, par prélèvement sur les recettes avant que l'actionnaire puisse toucher un centime; mais, en échange de cette priorité, il ne reçoit qu'un intérêt fixé d'avance, et qui ne peut augmenter.

Il est donc de la dernière importance, pour le capitaliste qui veut s'intéresser à l'une des grandes entreprises que notre siècle a fait éclore, d'être parfaitement renseigné sur tous les points que nous venons d'effleurer. En lui déroulant successivement le tableau de ces entreprises, nous ne négligerons aucun détail de nature à lui faire apprécier les garanties de sûreté et les chances de gain que présentent certaines d'entre elles comparativement à d'autres.

GRANDES INSTITUTIONS DE CRÉDIT.

La Banque de France.

Il serait trop long d'expliquer ici quelles fonctions financières remplit la Banque de France, et la nature du puissant appui que lui assure son organisation. Nous nous bornerons à rappeler que la plus importante de ses opérations est l'escompte des effets de commerce, c'est-à-dire le payement anticipé, moyennan une redevance qui varie de 3 à 6 0/0 par an, des billets à ordre dont l'échéance n'est pas encore arrivée, mais dont le terme n'excède cependant pas quatre-vingt-dix jours. Quelquefois la Banque a restreint cette limite de crédit à soixante-quinze et même à soixante jours. On sait aussi qu'elle n'escompte que des billets ou lettres de change de personnes notoirement solvables, et qu'elle exige trois signatures. Il résulte de ces précautions que ses chances de perte sont excessivement limitées, et, comme la faculté qu'elle a d'émettre des billets de banque pour une somme de beaucoup supérieure à son encaisse lui permet de multiplier à l'infini ses opérations, elle a vu ses bénéfices prendre de très grandes proportions. Fondée, sous le Consulat, au capital de 30 millions, divisé en actions de 1,000 fr., elle est arrivée, par des modifications successives, et surtout par l'annexion de toutes les banques départementales, à un capital de 91,250,000 fr., qu'une loi récemment votée porte au double, c'est-à-dire à 182 millions et demi, et son privilége, qui devait expirer à la fin de 1867, est prorogé jusqu'à la fin de 1897.

Tout concourt donc à faire des actions de la Banque un placement de premier ordre. Les dividendes, qui se payent par semestre, au 1er janvier et au 1er juillet, ne peuvent descendre au delà de 6 0/0 du capital nominal; mais ils s'élèvent beaucoup au-dessus. Ils ont varié, ces dernières années, de 150 à 200 fr. par année, ce qui donne aux personnes qui ont acheté les actions au pair (1,000 fr.) un revenu de 15 à 20 0/0. On retient de plus, sur les bénéfices annuels, un fonds, dit de *réserve*, que l'on distribue de temps à autre aux actionnaires. En 1820, ils ont reçu, de ce chef, 202 fr. par action, et, en 1831, 145 fr. Aujourd'hui, ce fonds de réserve dépasse 12 millions.

Mais ce revenu de 15 à 20 0/0 n'existe réellement que pour les premiers preneurs d'actions, ou pour ceux qui les ont achetées dans des moments défavorables. En 1814, on les a cotées un moment à 470 fr. C'est un beau revenu pour ceux qui ont bravé la panique du moment. Mais, depuis lors, elles ont toujours suivi le mouvement ascensionnel des dividendes, et, à partir de 1856, le prix des actions ayant presque toujours dépassé 4,000 fr., c'est-à-dire plus de quatre fois leur valeur nominale, il est clair que l'intérêt qu'elles rapportent se réduit, en définitive, aux environs de 5 0/0.

Ce fait d'équilibre se manifeste, au reste, sur toutes les valeurs. Le prix s'en élève toujours proportionnellement au revenu constaté, et tend à se maintenir à un chiffre qui ne dépasse guère le taux de la rente. Quand le revenu d'une valeur est plus élevé que cette dernière, relativement au capital déboursé, soyez sûr qu'il y a quelque anguille sous roche, quelques chances de perte à courir, quelque diminution possible et probable dans un temps plus ou moins long.

Pour en revenir à la Banque de France, la loi récente qui l'autorise à émettre, au taux de 1,100 fr. (payables en quatre trimestres), de nouvelles actions de 1,000 fr., a produit un singulier mouvement chez les porteurs des actions anciennes, à qui était exclusivement réservé le droit de souscrire les nouvelles actions. Ceux qui n'ont pas eu les fonds nécessaires pour cette dernière opération ont été obligés de vendre leurs actions, sous peine de les voir se déprécier en leurs mains, parce qu'un équilibre devait nécessairement s'établir entre celles qui valaient hier 4,600 fr. et celles qu'on obtenait le lendemain pour le quart de cette somme. On comprend que le revenu, désormais réparti sur un plus grand nombre d'actions, devait diminuer dans une notable proportion, et que ceux qui n'auraient pas eu pour se dédommager la plus-value considérable qui s'est de suite manifestée sur les actions nouvelles, auraient subi une perte énorme de leur capital. Aussi, à la fin de juin 1857, le prix des actions de la Banque se fixait-il sur la moitié de ce que valaient ensemble une action ancienne et une action nouvelle.

Donc celui qui avait payé 46,000 fr. dix actions de la Banque a dû se mettre en mesure de souscrire dix nouvelles actions, pour 11,000 fr., et il a obtenu ainsi vingt actions qui à la fin de juillet 1857 ne valaient chacune que 2,880 fr. environ. Mais s'il n'avait pas eu l'argent disponible pour les versements trimestriels, il aurait fallu qu'il vendît ses actions, et avec elles le droit de souscrire à un nombre égal d'actions de la nouvelle émission.

Les titres d'actions de la Banque de France sont nominatifs, et leur négociation entraîne la formalité du transfert et l'intervention d'un agent de change.

Le Crédit foncier.

Cette Société anonyme, dont le siége est à Paris, rue Neuve-des-Capucines, n° 19, a été créée en 1852, puis modifiée le 3 mars 1853, pour une durée de quatre-vingt-dix-neuf ans. Elle a pour but les prêts sur hypothèques, avec remboursement du prêt et des intérêts par annuités, sous forme d'amortissement. Les différentes phases par lesquelles a passé cette institution ont multiplié et varié les titres à tel point, qu'il est assez difficile de s'y reconnaître. En 1852, sous le nom de *promesses d'obligations foncières*, on créa 200,000 titres, dont les numéros d'ordre ont été enfermés dans une roue qui s'ouvre quatre fois par an, les 22 mars, 22 juin, 22 septembre et 22 décembre, pour des tirages au sort désignant les obligations qui doivent être remboursées, et celles qui ont droit à des lots ou primes. Ces tirages doivent durer jusqu'en 1903.

Voici d'abord l'importance de ces primes :

Au tirage des trois premiers semestres,

le premier numéro sortant gagne...	100,000 fr.
le second....................	50,000
le troisième.................	20,000

Au tirage du 22 décembre,

le premier numéro sortant gagne...	100,000
le second....................	50,000
le troisième.................	40,000
le quatrième.................	30,000
le cinquième.................	20,000
le sixième...................	10,000
du septième au quatorzième, chacun.	5,000

Voici maintenant comment se divisent les titres, qui tous sont au porteur, et quelle part ils prennent à ces tirages au sort.

Les obligations du Crédit foncier étant originairement de **1,000** fr., avec intérêt à 3 0/0, il y a eu et il y a encore en circulation des titres de **1,000** fr. entièrement libérés, donnant droit entier aux chances des tirages ; mais ces titres ne sont plus cotés à la Bourse. L'administration les remplace par deux coupures de **500** fr., qui ne donnent droit chacune qu'à la moitié des lots gagnants. C'est ce qu'on nomme les *demi-obligations* du Crédit foncier.

Ces demi-obligations sont remboursables par la voie du sort aux tirages des **22** mars et **22** septembre ; celles qui sont ainsi désignées reçoivent **20** 0/0 de prime, c'est-à-dire que, payées **500** fr., elles sont remboursées à **600** fr. Mais elles ne rapportent que 3 0/0.

Il existe une autre catégorie de demi-obligations de **500** fr., dont l'intérêt est de 4 0/0. Elles ont droit à la moitié des lots gagnants aux tirages des **22** juin et **22** décembre ; mais elles ne sont remboursées qu'au pair, à **500** fr., quand elles sont désignées par le sort.

Le Crédit foncier a encore, en 3 0/0, des promesses d'obligations de **1,000** fr. sur lesquelles **200** fr. seulement ont été versés, et qui rapportent **6** fr. par an, plus le droit à un lot de **100,000** fr., lors de tirages spéciaux dans lesquels elles peuvent être appelées par le sort à compléter le versement de **800** fr.

En outre de ces titres, l'administration du Crédit foncier a créé des coupures de **100** fr. en 3 0/0 et en 4 0/0. Ces coupures donnent droit à un dixième des lots gagnants. Celles du 3 0/0 sont remboursables à **120** fr. quand le sort les désigne, et celles du 4 0/0 sont remboursées au pair.

Enfin, le Crédit foncier a encore émis des obligations

de 500 fr., sur lesquelles 250 fr. seulement sont payés, et qui reçoivent en janvier 5 0/0 d'intérêt ; mais elles ne participent point aux chances des tirages, ni aux primes de remboursement.

Par suite d'une nouvelle disposition qui permet au Crédit foncier de recevoir, comme la Banque, des capitaux en compte courant, c'est à dire des dépôts d'argent remboursables à vue ou à peu près, cet établissement émet des *bons de caisse* de 100, 500, 1,000, 5,000 et 10,000 fr. Ces bons sont payables à trois jours de vue, et rapportent 5 centimes 0/0 par dix jours.

Malgré la sûreté de leur gage, qui repose sur l'hypothèque, malgré tout l'attrait que pourraient inspirer les chances aléatoires des loteries trimestrielles, les actions du Crédit foncier ne jouissent pas d'une grande faveur auprès des spéculateurs. Elles sont plus recherchées par les gens sages. Leur tenue ordinaire est au-dessous de 600 fr., pour les titres en 5 0/0, de 450 pour le 4, et de 400 pour le 3.

Les intérêts sont payés le 1er mai et le 1er novembre pour les obligations de 500 fr.; les coupures de 100 fr. ne les touchent qu'une fois par an, à cette dernière époque.

Le Crédit mobilier.

Établie aussi pour quatre-vingt-dix-neuf ans, à partir de novembre 1852, *la Société générale du Crédit mobilier*, place Vendôme, no 15, est constituée au capital de 60 millions, divisé en actions de 500 fr., au porteur, et totalement libérées

Les produits de la Société se divisent en intérêt à 5 0/0, payable le 1er janvier, soit 25 fr. par action, et en un fonds de réserve, pour lequel il est retenu aussi 5 0/0 : le reste des bénéfices, après prélèvement d'un dixième pour les administrateurs, est distribué aux actionnaires pour les neuf autres dixièmes, sous forme de dividende.

Ces actions de 500 fr. se sont vendues jusqu'à 1,785 fr., presque au moment même de leur création, et alors qu'il n'y avait que 200 fr. de versés ; elles ont subi depuis d'assez fortes oscillations, puisqu'elles sont descendues à 430 fr. en 1854. Aujourd'hui elles se tiennent entre 1,000 et 1,500 fr., mais rien ne garantit leur marche. C'est le titre du joueur par excellence. En 1853 et 1854, le revenu était de 12 à 13 0/0 du capital primitif : l'année suivante, il atteignait le chiffre énorme de 40 0/0 ; mais il ne s'y est pas maintenu, bien qu'il reste beaucoup au-dessus des dividendes obtenus dans les sociétés les plus solidement constituées.

D'où vient cette faveur, et pourquoi ces brusques revirements qui font quelquefois sauter cette valeur d'une Bourse à l'autre avec 100 à 150 fr. de différence ? Cela vient précisément de l'objet pour lequel le Crédit mobilier a été créé. Il a pris la place des banquiers d'autrefois : il a détrôné les Rothschild. Il opère sur tout et à propos de tout : il vend et achète des titres à la Bourse ; il souscrit des emprunts ; il soumissionne ou cautionne les grands travaux publics ; il commandite la grande industrie, et ne dédaigne pas même de faire le commerce de toutes les choses dont il espère tirer profit. Son champ d'exploration est illimité : il touche à tout ; il est partout. C'est, en un mot, comme le dit Proudhon, « une centralisation de l'agiotage. »

Nous n'avons pas autre chose à en dire pour ce qui nous concerne. Le lecteur sait combien ont coûté les actions au début, ce qu'elles valent aujourd'hui, ce qu'elles ont rapporté. Nous n'ajouterons qu'un mot : Autant l'intérêt est élevé, autant sont grandes les chances que court le capital.

Comptoir d'escompte.

Société anonyme, créée en 1848 par le gouvernement provisoire de la République, pour venir en aide au commerce, en escomptant avec plus de facilités que la Banque de France. D'abord aidée par l'État et la Ville de Paris, cette Société a fini par marcher avec ses propres forces, qui consistent en 40,000 actions de 500 fr., représentant un capital de 20 millions. Ce capital pourra être porté un jour ou l'autre au double; tout a été préparé pour cela; mais l'exécution définitive en est ajournée. Ces titres, entièrement libérés, sont au porteur, et donnent droit à un dividende payé en février et en août. Si les bénéfices dépassaient 4 0/0 annuels, on ferait en faveur du fonds de réserve la retenue du quart de l'excédant. Ce fonds de réserve peut être employé à parfaire les 4 0/0 d'une année suivante, si les deux dividendes semestriels n'atteignaient pas ce chiffre.

A l'expiration de la Société (18 mars 1887), l'actif social et le fonds de réserve seront partagés entre les actionnaires. Ne sont admis aux assemblées générales que les propriétaires d'au moins dix actions, et chaque dizaine d'actions donne droit à une voix, sans qu'on puisse disposer au delà de dix voix, quand même on aurait plus de cent actions.

Les titres du Comptoir d'escompte, bien qu'au porteur, peuvent être déposés dans la caisse sociale contre un récépissé nominatif. C'est une facilité qu'on rencontre maintenant dans bon nombre de sociétés.

Ces valeurs ont subi d'assez grands écarts de fluctuation. Elles ont fait au plus bas 330 fr., et au plus haut 910 fr. Elles se tiennent maintenant aux environs de 700 fr.

Le siège de cette administration est rue Bergère, 22.

Sous-Comptoirs.

Ce sont des sortes de succursales du Comptoir d'escompte, instituées pour le prêt sur nantissement de valeurs, de matières premières ou de marchandises.

En voici l'exposé et les détails :

Sous-Comptoir des Chemins de fer, 14, rue Bergère. — 40,000 actions de 100 fr. au porteur, formant un capital de 4 millions, déposés au Comptoir d'escompte pour la garantie des opérations dont le Sous-Comptoir est l'intermédiaire.

Le revenu de ces actions est resté aux environs de 3 à 5 0/0, et leur valeur s'est maintenue à peu près au pair.

Sous-Comptoir des Entrepreneurs, 14, rue Bergère. — 3,470 actions de 100 fr. au porteur. — Moins recherchées que les précédentes, elles sont toujours cotées aux environs de 90 fr.

Sous-Comptoir des Métaux, 53, rue Vivienne. — 50,000 actions de 100 fr. au porteur, dont la valeur est déposée comme garantie au Comptoir central d'escompte. Ces actions sont les plus en faveur : elles ont donné de 8 à 10 0/0, et cependant elles n'ont guère été cotées au delà de 120 fr.

Sous-Comptoir des Denrées coloniales, 2, rue Grétry. — En pleine déconfiture depuis un an. Son capital était de 500,000 fr., divisé en cinq mille actions de 100 fr. au porteur. Le Comptoir d'escompte, près duquel les fonds devaient être déposés en garantie, est devenu responsable de la perte que fera connaître la liquidation.

Voici la liste des Comptoirs d'escompte des départements, avec quelques données sur leur capital et sa division en actions, donnant droit à un dividende éventuel :

Comptoir de Lille. — 4,000 actions de 500 fr. au porteur.

Comptoir d'Alais. — 1,000 actions de 1,000 fr. au porteur.

Comptoir d'Angoulême. — 1,500 actions au porteur, dont 500 de 1,000 fr. et 1,000 de 100 fr.

Comptoir de Caen. — 6,000 actions de 100 fr. au porteur.

Comptoir de Colmar. — 600 actions de 500 fr. au porteur, plus 190 fr. versés par action pour la formation d'un fonds de réserve.

Comptoir de Dôle. — 2,000 actions de 250 fr.

Comptoir d'Issoudun. — 1,500 actions de 200 fr.

Comptoir de Mulhouse. — 2,000 actions de 500 fr.

Comptoir de Sablé. — 480 actions de 250 fr.

Comptoir de Saint-Jean-d'Angély. — 500 actions de 250 fr.

Comptoir de Sainte-Marie-aux-Mines. — 600 actions de 25 fr., plus 25 fr. par action pour la formation du fonds de réserve.

CHEMINS DE FER.

Le capital *nominal* des actions et obligations des chemins de fer français dépasse 2 milliards 380 millions de francs. Nous allons donner les détails sommaires qu'il est nécessaire de connaître pour juger de la valeur de chacune des lignes, et nous suivrons pour cela l'ordre de leur inscription au tableau de Bourse du *Moniteur.*

ORLÉANS.

Administration, rue de la Chaussée-d'Antin, 11.

Société anonyme, formée en mars 1852, par la fusion des chemins de fer de Paris à Orléans, du Centre, d'Orléans à Bordeaux, et de Tours à Nantes. Son capital est actuellement de 150 millions, représentés par 300,000 actions de 500 fr. libérées, au porteur, avec garantie par l'État, pendant cinquante ans, d'un minimum d'intérêt de 4 0/0. La concession de ces chemins de fer, pour quatre-vingt-dix-neuf ans, doit durer jusqu'à la fin de 1950. Il faut être propriétaire de vingt actions pour être admis aux assemblées générales.

Les revenus des actions se distribuent en avril et en octobre. On reçoit d'abord 15 fr. d'intérêt annuel par action, soit 3 0/0, puis des dividendes, qui ont varié jusqu'ici entre 24 et 65 fr. Ce revenu, qui s'est élevé jusqu'à 16 0/0, en 1855, ne pourra que décroître avec le temps, malgré la garantie du minimum de 4 0/0 d'intérêt par l'État, parce que cette garantie est surtout appliquée aux *obligations*, et aussi parce que, dans cette société, comme dans la plupart des concessions de chemins de fer, l'État doit entrer à une certaine époque en partage des bénéfices, quand ils dépasseront un chiffre qui est généralement de 8 0/0. Ce qui n'empêche pas ces actions de 500 fr. d'être vendues aux environs de 1,500 fr.

Nous avons déjà expliqué, au commencement de ce livre, la différence qu'on devait faire entre les *actions* et les *obligations*. Ces dernières sont des titres d'emprunts faits par les compagnies, au nom des actionnaires, et les intérêts de ces emprunts, comme leur remboursement, sont à la charge des actions, qui ne peuvent venir à la répartition des bénéfices qu'après avoir assuré le service financier des obligations.

L'Orléans, pour son compte, a émis à trois fois des obligations pour couvrir trois emprunts successifs, en 1842, 1848 et 1854. En voici le détail :

Obligations de 1842. Émises à 1,125 fr., rapportant 50 fr. d'intérêt annuel, pouvant être remboursées, par la voie du sort, d'ici à la fin de 1891, à 1,250 fr. On peut voir de suite que le porteur de ces obligations qui sera remboursé l'an prochain, par exemple, aura fait un placement très voisin de 5 0/0, tandis qu'il n'en sera pas de même si le sort ne le désigne que beaucoup plus tard pour ce remboursement.

Obligations de 1848. Elles se ressentent de l'époque, et ont été beaucoup plus avantageuses que les précédentes pour les souscripteurs. Elles ont été émises à 750 fr., rapportant 50 fr. d'intérêt annuel, et seront remboursées, d'ici à l'année 1938 (c'est un peu long!), à 1,250 fr. Ceux que le sort désignera d'ici à quelques années auront fait un magnifique placement, et tous les premiers preneurs, quelle que soit l'époque de leur remboursement, n'en tireront pas moins 6 3/4 0/0 des 750 fr. qu'ils ont versés. Mais ce sont là des aubaines dont les acheteurs de nos jours ne profitent plus, parce que le prix qu'on demande de ces obligations est toujours assez élevé pour qu'elles ne rapportent plus que 5 0/0, et même un peu moins.

Obligations du troisième emprunt. — Divisées en trois séries, portant 15 fr. d'intérêt annuel, et remboursables à 500 fr. d'ici l'année 1951 :

Celles de la 1re série (1852) ont été payées 340 fr.
Celles de la 2e série (1854)   —   275
Celles de la 3e série (1855)   —   290

Toutes ces obligations payent leurs intérêts par semestre, en janvier et juillet.

Ce que nous venons d'expliquer touchant les actions et les obligations d'Orléans doit donner une idée du dédale dans lequel peuvent s'égarer les personnes qui ne sont pas bien au courant de toutes ces valeurs variées de la spéculation. Voilà cinq espèces d'obligations bien distinctes pour une seule société, sans compter les actions. Il faut se reporter aux chiffres d'émission primitive pour voir le chemin qu'elles ont fait jusqu'à aujourd'hui, et se livrer à des calculs de proportion pour savoir au juste ce qu'elles produisent pour 100. Et, nous le répétons, c'est toujours, en fin de compte, au même résultat qu'on arrive : 6 ou 7 0/0 sur les actions de chemins de fer, plutôt 6 que 7, et aux environs de 5 0/0 pour les obligations. Avec cette différence que le produit des obligations est certain de rester le même, tandis que le dividende des actions est à peu près sûr de décroître dans un avenir plus ou moins prochain.

NORD.

Administration, 24, place Roubaix, à Paris.

Société anonyme fondée, en 1847 et 1852, par la fusion de trois compagnies (le Nord proprement dit, la ligne de Creil à Saint-Quentin et celle d'Amiens à Boulogne), fusion à laquelle on accorda depuis, la concession de nouvelles lignes. Son capital est de 160 millions, divisé en actions de 400 fr. au porteur, entièrement libérées. La concession est de quatre-vingt-dix-neuf ans, et doit expirer en 1947 ; mais le gouvernement s'est réservé la faculté de prendre possession de la ligne en 1876. Les actionnaires touchent, le 1er janvier, l'intérêt à 4 0/0, soit 16 fr., et le 1er juillet les dividendes. Ces dividendes se sont successivement élevés de 8 fr. à 45 fr. : aussi le prix des actions en Bourse a-t-il oscillé entre 270 fr. (1848) et plus de 1,100 fr. (1856). Elles sont maintenant (août 1857) aux environs de 850 fr.

On cote encore à la Bourse une seconde série de 100,000 actions dites *nouvelles*, émises à 575 fr., sur lesquelles 200 fr. sont versés, et qui atteignent près de 700 fr. comme valeur.

Il faut posséder 40 actions pour assister aux assemblées générales.

La dette de la compagnie du Nord a amené la création de six espèces d'obligations :

1º Celles données aux actionnaires d'Amiens à Boulogne, en échange de leurs actions. Elles rapportent 15 fr. d'intérêt annuel, et sont remboursables à 500 fr. par des tirages au sort qui dureront jusqu'en 1922. On les paye par semestre, en janvier et juillet:

2º Celles émises par la même compagnie avant sa réunion à la ligne du Nord; elles rapportent 20 fr. annuellement, payables le 1er août, et seront remboursées à 500 fr. par des tirages s'arrêtant en 1868;

3º Celles de l'emprunt de 1852, émises alors au taux de 335 fr., portant 15 fr. d'intérêt, payables en janvier et juillet, et remboursables à 500 fr. par des tirages se prolongeant jusqu'en 1926;

4º Celles d'un premier emprunt de 1854, dans les mêmes conditions;

5º Celles d'un second emprunt de la même année, mêmes conditions;

6º Et enfin celles créées en 1848, en échange des actions de Boulogne, obligations de 500 fr. donnant 4 0/0 d'intérêt annuel, en janvier et juillet, et amortissables, en soixante-quinze ans, au pair.

La compagnie du Nord paye encore les intérêts des actions de Charleroi à Erquelines. Ces actions produisent 16 fr. 87 c. 1/2 d'intérêt annuel, et sont remboursables à 562 fr. 50 c., mais dans des tirages qui se prolongeront plus de quatre-vingts ans encore.

EST.

Administration, rue et place de Strasbourg, à Paris.

Société anonyme qui, depuis 1855, a complétement absorbé les cinq compagnies de Paris à Strasbourg, Strasbourg à Bâle, Montereau à Troyes, Blesmes et Saint-Dizier à Gray, et Mulhouse à Thann. Le capital social est de **250** millions, divisé en deux séries égales d'actions de **500** fr., les *anciennes* et les *nouvelles*, qui sont encore distinguées sous ces noms à la Bourse, bien que, depuis le **1er** janvier **1857**, rien ne les différencie et qu'elles aient les mêmes droits. Ces actions sont au porteur, et le payement des intérêts à **4 0/0** (**20 fr.**), a lieu le **1er** novembre; le dividende, qui se paye en avril, s'est élevé, en **1855**, à près de **12 0/0**.

La concession est de quatre-vingt-dix-neuf ans, qui partent de **1855**. A partir de **1861**, l'État partagera avec les actionnaires le produit net excédant **8 0/0** du capital employé par la compagnie. Cette obligation, que l'on a imposée à une partie des sociétés de chemins de fer, doit être méditée attentivement par les capitalistes, car elle est de nature à modifier gravement les chiffres pompeux qui ont si bien aidé en ces derniers temps à la hausse des actions.

Il faut être propriétaire de quarante actions pour assister à l'assemblée générale.

Les actions de l'Est ont éprouvé à la Bourse de grandes fluctuations. Elles sont tombées au-dessous du pair vers **1850**, et, en **1853**, elles avaient plus que doublé de valeur. Elles sont restées longtemps autour de **900** fr.; mais elles sont arrivées au-dessous de **700 fr.**, surtout les nouvelles.

On compte dix espèces d'obligations de cette société :

1° Celles provenant d'un emprunt de **1852**, émises à **500** fr., produisant **5 0/0** annuels, payables les **1er** juin et **1er** décembre, et remboursables à **650** fr. dans des tirages annuels qui doivent durer jusqu'en **1952**;

2° Celles données, en **1854**, aux porteurs des actions de Saint-Dizier à Gray; mêmes conditions et avantages que les précédentes;

3° Celles distribuées aux actionnaires de Strasbourg

à Bâle ; mêmes conditions et avantages que ci-dessus, sauf que les tirages d'amortissement s'arrêteront trois ans plus tôt, en 1949 ;

4° Celles d'un emprunt de 1854 ; mêmes conditions et avantages que celui de 1852 ;

5° Celles de l'emprunt de la compagnie de Montereau à Troyes, au capital de 1,000 fr., donnant 5 0/0 annuels, payés en janvier et juillet, et remboursables à 1,250 fr., par la voie du sort, d'année en année, jusqu'en 1927 ;

6° Celles du premier emprunt de la compagnie de Strasbourg à Bâle ; mêmes capital et intérêt que c -dessus, mais payables en avril et octobre, et remboursables à 1,250 fr. par tirages jusqu'en 1891 ;

7° Celles du second emprunt de la même compagnie ; obligations de 500 fr., donnant 5 0/0 annuels, payables en janvier et juillet, et remboursables à 625 fr. jusqu'en 1905 ;

8° Celles de l'emprunt de la compagnie de Mulhouse à Thann ; obligations de 1,000 fr. produisant 5 0/0 payés en janvier et juillet, et remboursables au pair jusqu'en 1860 ;

9° Celles distribuées aux actionnaires de cette même compagnie de Mulhouse, remboursables jusqu'en 1949 au taux de 650 fr., produisant 25 fr. d'intérêt.

10° Enfin celles émises, en décembre 1856, à 270 fr., produisant 15 fr. d'intérêt et remboursables à 500 fr.

PARIS A LYON.

Administration, rue de Bercy-Saint-Antoine.

Société anonyme formée de la fusion 1° de la compagnie de Paris à Lyon, réformée en 1852 ; 2° de la compagnie de Dijon à Besançon ; et 3° de la compagnie de Dôle à Salins. Cette société est, en outre, intéressée pour un tiers dans le chemin de Lyon par le Bourbonnais, et pour un cinquième dans le chemin de fer de ceinture.

La concession est de quatre-vingt-dix-neuf ans, à partir de 1856. Le gouvernement garantit 4 0/0 d'intérêt du capital pendant cinquante ans, et se réserve le droit d'entrer en partage des bénéfices, à partir de 1871, pour ce qui dépassera 8 0/0 du produit net.

Le capital est de 132,500,000 fr., divisé en actions de 500 fr. au porteur, dont les intérêts et les dividendes sont payés en janvier et juillet.

Cette ligne est une de celles dont les produits sont les plus assurés : aussi les actions ont-elles triplé de valeur, et sont-elles restées à peu près invariablement autour du chiffre de 1,500 fr.

Il faut posséder quarante actions pour pouvoir assister à l'assemblée générale des actionnaires.

La société de Paris à Lyon n'a que deux espèces d'obligations :

1º Celles du premier emprunt, 1852-54, émises à 1,050 fr. et produisant 50 fr. d'intérêt payables en avril et octobre, et remboursables par la voie du sort, à 1,250 fr. jusqu'en 1905 ;

2º Celles du second emprunt, émises, en mars et en juin 1856, à 290 fr., produisant 15 fr. d'intérêt payables en avril et octobre, et remboursables à 500 fr. jusqu'en 1955.

Cette ligne vient d'opérer sa fusion avec la suivante, sous le nom de *Paris-Lyon-Méditerranée*, à des conditions dont nous parlons plus loin.

LYON A LA MÉDITERRANÉE.

Administration, 23, rue Laffitte, à Paris.

Société anonyme fusionnant les compagnies de Lyon à Avignon, d'Avignon à Marseille, du Gard, de Montpellier à Cette et de Montpellier à Nîmes.

4

Concession de quatre-vingt-dix-neuf ans, à partir de l'achèvement des travaux ; garantie de 4 0/0 par l'État, pendant cinquante ans, sur un capital de 31 millions, et de 5 0/0 d'intérêt et amortissement de l'emprunt de 30 millions de l'ancienne société d'Avignon à Marseille.

Le capital social est de 45 millions, divisé en actions de 500 fr. au porteur, produisant 4 0/0 d'intérêt et un dividende éventuel, payables en avril et octobre.

Les dividendes de cette ligne ont été assez considérables pour que la valeur des actions se soit presque quadruplée, puisqu'en ces temps derniers elles ont valu 1,900 fr.

Ce succès extraordinaire a besoin d'être expliqué. Plus que toute autre compagnie, celle-ci a reçu de l'État aide et assistance dans d'énormes proportions. De plus, elle a eu l'habileté d'user de son crédit et de sa position pour recourir aux emprunts : au lieu d'appeler de nouveaux actionnaires au partage du gâteau, elle a créé pour plus de 146 millions d'obligations, qui, joints aux 126 millions de subvention qui lui ont été accordés, lui ont permis d'engager dans sa ligne près de 320 millions, c'est-à-dire plus de sept fois son capital.

« Eh bien ! dit à ce sujet M. Proudhon, voilà la finance prise en flagrant délit de razzia sur les fonds des contribuables et des particuliers ! Une poignée d'actionnaires dispose, comme de sa propriété privée, d'une valeur de 317 millions où elle n'a pas un septième d'engagé. Les porteurs d'obligations, trois fois plus intéressés qu'elle dans l'affaire, sont, comme l'État, rançonnés, réduits à la portion congrue, chassés des conseils et des délibérations !... »

Ces réflexions ne sont que trop vraies. On doit cependant y ajouter que la médaille pourrait avoir son revers, et qu'alors les porteurs d'obligations s'estimeraient heureux de voir leur versement garanti , tandis que les actions ne vaudraient plus rien. Il faut également reconnaître que les actionnaires actuels ont payé plus de 45 millions le droit de toucher leurs dividendes, qui, fussent-ils de 20 0/0, ne seraient en réalité que de 5 0/0, puisqu'ils ont payé les actions quatre fois leur valeur nominale. Ceux qui ont profité de la razzia sont donc les premiers actionnaires, ou plutôt la couche successive des actionnaires des premières années.

Les obligations de la compagnie de Lyon à la Méditerranée sont divisées en trois catégories :

1o Celles de l'emprunt de 1849, émises à 500 fr., produisant 5 0/0 annuels, payables en avril et octobre, et remboursables à 625 fr. jusqu'en 1954 ;

2o Celles émises en 1853 à 350 fr., produisant 15 fr. d'intérêt annuel, payables en janvier et juillet, et remboursables à 500 fr. jusqu'en 1954 ;

3o Celles émises en 1855 à 280 fr. ; mêmes intérêt et conditions de remboursement que les précédentes.

Nous avons dit plus haut que les compagnies de Paris à Lyon et de Lyon à la Méditerranée venaient d'opérer une fusion et d'augmenter leur capital. Le capital nouveau se compose de 115,000 actions émises à 735 fr., et réservées aux actionnaires de l'une et de l'autre compagnie, dans les proportions suivantes :

Une action de Paris à Lyon donne droit à trois dixièmes d'action nouvelle ;

Une action de Lyon à la Méditerranée donne droit à deux cinquièmes d'action nouvelle ;

Des coupures sont délivrées aux porteurs dont les titres ne sont pas réunis par groupe correspondant à une action nouvelle entière.

Un premier versement de 200 fr. a eu lieu en souscrivant. Un second de 150 fr. a été effectué le 1er novembre 1857. Les autres époques de versements seront fixées ultérieurement.

Les actions nouvelles participeront aux dividendes, comme les actions anciennes, à partir du 1er janvier 1858. Fin juillet 1857, elles valaient près de 900 fr.

Les titres resteront nominatifs jusqu'à complète libération ; ils seront ensuite au porteur.

La Compagnie de *Paris-Lyon-Méditerranée* remplace donc maintenant les deux dont nous avons parlé, et ses actions ont été divisées en *anciennes* et en *nouvelles*, après avoir subi une fluctuation analogue à celle qui s'est produite pour la Banque de France.

MIDI.

Administration, 15, place Vendôme, à Paris.

Société anonyme constituée en 1852, comprenant les lignes de Bordeaux à l'Océan, à la frontière d'Espagne et à la Méditerranée, l'exploitation à bail du chemin de Bordeaux à La Teste, ainsi que l'exploitation du canal latéral à la Garonne.

Concession de quatre-vingt-dix-neuf ans, qui finira en 1957. Garantie de 4 0/0 d'intérêt par l'État, pendant cinquante ans, du capital et de l'emprunt. L'État partagera les bénéfices qui dépasseront 8 0/0, aussitôt l'achèvement des travaux.

Le capital primitif était de 67 millions, divisé en actions de 500 fr. au porteur, produisant 4 0/0 d'intérêt annuel, payables en janvier, et ne devant donner un dividende qu'après l'achèvement des travaux. Il a été depuis créé une seconde série d'actions, montant à 62,533,800 fr., émises à 700 fr. et cotées aux tableaux de Bourse sous le nom d'*actions nouvelles*, comme nous l'avons déjà vu pour le chemin de l'Est.

Ces actions nouvelles sont maintenant libérées, et

leur valeur est à peu près celle des anciennes, 700 à 750 fr.; mais celles-ci n'ont coûté que 500 fr. aux premiers souscripteurs.

L'emprunt de la Compagnie du Midi a été émis en obligations de 285 fr. portant 15 fr. d'intérêt annuel, payables en janvier et juillet. Ces obligations sont remboursables par le sort jusqu'en 1957, au taux de 500 fr.

Pour assister aux assemblées générales, il faut posséder 40 actions.

OUEST.

Administration, 124, rue Saint-Lazare, à Paris.

Société anonyme réunissant : l'ancienne compagnie dite de l'Ouest, les compagnies de Paris à Caen et Cherbourg, Paris à Rouen, Rouen au Havre, Dieppe et Fécamp, Paris à St-Germain, Paris à Argenteuil, Versailles rive droite, et Versailles rive gauche.

Concession de quatre-vingt dix-neuf ans à partir du 1er janvier 1848. L'État garantit 3 1/2 0/0 d'intérêt aux actions, et 4 0/0 aux obligations. Il renonce à prendre aucune part dans les bénéfices.

Le capital est de 150 millions, divisé en actions de 500 fr. au porteur, produisant, en octobre, 3 1/2 0/0 d'intérêt, et en avril, un dividende éventuel, qui a dépassé 6 0/0 les dernières années. Nonobstant, ces actions ne sont pas en grande faveur; elles restent volontiers au-dessous de 800 fr.

Les propriétaires de 20 actions ont seuls entrée aux assemblées générales.

La société de l'Ouest a émis deux espèces d'obligations :

1o Des obligations de 1,000 fr. à 5 0/0 annuels, payables en janvier et juillet, et remboursables au sort, en 50 ans, à 1,250 fr.

2° Des obligations de 280 fr., portant 15 fr. d'intérêt annuel, payables en juin et décembre, et remboursables à 500 fr. jusqu'en 1952.

GRAND-CENTRAL DE FRANCE.

Administration, 16, place Vendôme, à Paris.

Société anonyme créée en 1853, et fusionnée depuis avec la ligne de Moulins à Montluçon. Elle comprend aussi l'exploitation de diverses mines et établissements métallurgiques.

La concession est de quatre-vingt dix-neuf ans à partir de l'achèvement des travaux, qui devront être terminés en 1863. L'État garantit 4 0/0 d'intérêt aux actionnaires ou aux prêteurs jusqu'à concurrence d'un capital de 219 millions. Après l'achèvement des travaux, il entrera en partage des bénéfices dépassant 8 0/0.

Le capital est de 112 millions, divisé en actions de 500 fr. au porteur, produisant 4 0/0 annuels pendant la durée des travaux, et, après leur achèvement, un dividende éventuel, payable en janvier et juillet.

Le cours de ces actions, à la Bourse, n'atteint pas 650 fr. dans les meilleurs jours.

L'assemblée générale n'admet que les propriétaires de 20 actions au moins.

La Compagnie du Grand-Central n'a qu'une espèce d'obligations : elles produisent 15 fr. d'intérêt annuel, payables en janvier et juillet, et sont remboursables à 500 fr. par des tirages annuels qui dureront jusqu'en 1959.

LYON A GENÈVE.

Administration, 23, rue Laffitte, à Paris.

Société anonyme constituée en 1853, au capital de 40 millions, divisé en actions de 500 fr. au porteur, produisant, pendant la durée des travaux, 4 0/0 d'intérêt, payables en janvier, et après l'achèvement de la ligne, un dividende auquel l'État viendra prendre part quand le produit net dépassera 8 0/0. La concession est de 99 ans à partir du 1er mai 1859.

Les actions se cotent plus de 650 fr.

Cette société a émis, au taux de 285 fr., des obligations portant intérêt de 15 fr. garanti par l'État pendant cinquante ans, et qui seront remboursées d'année en année à 500 fr. par la voie du sort, jusqu'en 1954. Le payement des intérêts a lieu en janvier et juillet.

GRAISSESSAC A BÉZIERS.

Administration, 45, rue Taitbout, à Paris.

Société anonyme créée en 1852; concession jusqu'en 1955. Capital, 18 millions, divisé en actions de 500 fr. au porteur, produisant, pendant la durée des travaux, 4 0/0 d'intérêt annuel, payables en octobre et avril, et plus tard un dividende éventuel. Ces actions n'atteignent guère le pair.

La Compagnie a fait un emprunt de 3,600,000 fr., divisé en obligations de 250 fr. portant 7 fr. 50 d'intérêt (payables en mai et en novembre), et remboursables au pair par la voie du sort jusqu'en 1937. Ces obligations ont été émises au taux de 140 fr.

La société de Graissessac à Béziers est une de celles qui ont le mieux et le plus nettement déterminé le mode d'amortissement des actions. Il importe de se bien rendre compte de ce détail important, que généralement on néglige, et auquel on ne songe pas assez selon nous. Tout le monde sait comment les obligations sont amorties, en d'autres termes, comment les emprunts sont remboursés. Mais personne ne se demande ce que deviendront les actions aux mains des derniers porteurs, quand, la concession venant à expirer, l'actif des sociétés ne consistera plus que dans un matériel que l'État, ou de nouvelles compagnies, achèteront à dire d'experts. La valeur de ce matériel sera bien loin d'atteindre le capital primitif formé par les actions, et il sera encore bien plus éloigné du prix qu'auraient coûté en dernier lieu les actions, si elles avaient dû rester toutes sur le marché. Aussi les compagnies ont-elles jugé nécessaire de créer un fonds pour amortir successivement les actions, à mesure qu'on approchera du terme fatal de la concession ; mais très peu font connaître leur mode d'amortissement, et très peu, croyons-nous, y songent sérieusement. Il y a cependant lieu de s'en préoccuper, et l'exemple de la société de Graissessac à Béziers est bon à faire connaître.

L'année qui suivra l'ouverture de la ligne, l'amortissement des actions commencera, et les fonds nécessaires à cet amortissement, qui s'opérera au moyen d'une annuité fixe, c'est-à-dire d'une petite somme versée chaque année à l'actionnaire en à-compte sur le remboursement du capital, seront prélevés avant tout sur le produit net, même avant le premier dividende de 4 0/0.

Cela ne fera pas l'affaire des hommes de Bourse, qui préfèrent grossir le présent au détriment de l'avenir, parce que cela crée la hausse ; mais cela vaudra mieux pour les actionnaires et pour l'honnêteté et la moralité publique.

L'amortissement des actions ! C'est là que nous attendons les joueurs.

SAINT-RAMBERT A GRENOBLE.

Administration, 31, rue Lepelletier, à Paris.

Société anonyme constituée en 1853 ; concession de quatre-vingt-dix-neuf ans, qui finira en 1958. Capital 25 millions, dont l'intérêt à 3 0/0 est garanti par l'État pendant cinquante ans : divisé en actions de 500 fr. au porteur (dont 300 seulement sont versés) portant intérêt à 4 0/0 pendant la durée des travaux.

Après l'achèvement de la ligne, l'État viendra au partage des bénéfices qui dépasseront 8 0/0.

Cette société n'a pas contracté d'emprunt. Il faut l'en féliciter, et surtout souhaiter qu'elle persévère dans cette voie si rare.

ARDENNES ET L'OISE.

Administration, 70, *rue de Provence.*

Concession de quatre-vingt-dix-neuf ans, du 20 juillet 1858.

Capital social, 21 millions, divisé en actions de 500 fr. au porteur (dont 450 versés). Intérêt, 4 0/0 pendant la durée des travaux, payable en janvier. Plus tard, dividende éventuel; l'État prélèvera moitié des bénéfices au-dessus de 8 0/0.

Jusqu'à présent, ces actions ne dépassent pas le pair.

PARIS A ORSAY.

Administration, 35, *rue Neuve-des-Petits-Champs.*

Concession de quatre-vingt-dix-neuf ans du 5 août 1844. Capital, 3 millions, divisé en actions de 500 fr.

Ces actions n'ont eu pendant longtemps aucune espèce de cours, mais l'espoir fondé d'une fusion avec le chemin de fer d'Orléans leur a redonné une certaine valeur. On présume que par suite de la convention déjà faite, mais qui attend encore l'approbation du gouvernement, elles seront remboursées sur le pied de 250 fr., c'est-à-dire avec 50 0/0 de perte seulement.

La société de Paris à Orsay a sur le marché deux espèces d'obligations, dont l'intérêt à 3 0/0 est garanti par l'État pendant cinquante ans.

La première catégorie, composée d'obligations de

500 fr. portant intérêt à 4 0/0, payable les 1er mai et 1er novembre, est remboursable en soixante-quinze ans.

La seconde catégorie est formée d'obligations de 1,0 0 fr., portant intérêt à 5 0/0 (dont 3 garantis par l'État) et remboursables à 1,250 fr. jusqu'en 1904. C'est le Crédit mobilier qui s'est chargé de ce dernier emprunt.

Ici finit la liste des chemins de fer français qui figurent au tableau de Bourse du *Moniteur*. Cependant, pour plus de clarté, et aussi pour n'en omettre aucun, nous allons les reprendre tous dans l'ordre alphabétique, indiquer à quelle grande ligne principale ils se rattachent dans l'énumération déjà faite, et donner quelques détails sur ceux qui seront restés en dehors, à cause de leur peu d'importance.

Amiens à Boulogne. — (Voir NORD.)

Andrezieux à Roanne. — (Voir plus loin, dans cette liste, PARIS A LYON, *par le Bourbonnais.*

Anzin à Somain. — Petite ligne de 10 kilomètres dont la Bourse ne s'occupe pas.

Avignon à Marseille. — (Voir LYON A LA MÉDITERRANÉE.)

Bességes à Alais. — Administration, 23, rue Laffitte, à Paris. — Société anonyme au capital de 4 millions, divisé en actions de 500 fr. portant intérêt à 4 0/0 jusqu'à l'ouverture de la ligne. — Cette société a émis à 280 fr. des obligations portant 15 fr. d'intérêt annuel, et remboursables à 500 fr. en quatre-vingt-dix-neuf ans, par des tirages au sort. — Le payement des intérêts a lieu en avril et octobre.

Blesmes et Saint-Dizier à Gray. — (Voir EST.)

Bordeaux à La Teste. — (Voir MIDI.)

Bourdon au Grand-Central. — (Voir GRAND-CENTRAL.)

Carmaux à Albi. — Concession de quatre-vingt-dix-neuf ans. Ligne de 18 kilomètres destinée à des transports industriels.

Ceinture (Chemin de fer de). — Administration, 104, rue d'Amsterdam. Concession appartenant aux compagnies d'Orléans, de Lyon, de l'Est, du Nord et de l'Ouest. (Voir ces lignes.)

Centre. — (Voir ORLÉANS.)

Chauny à Saint-Gobain. — Petite ligne industrielle.

Cours-la-Reine. — (Voir ci-après *Chemins de fer départementaux.*

Creil à Beauvais, et chemins de fer des Ardennes. — (Voir ARDENNES ET L'OISE.)

Chemins de fer départementaux. — Administration, place Vendôme, 22. — Société au capital de 25 millions, divisé en actions de 100 fr. — Fondée pour l'établissement des petits chemins de fer desservis par des chevaux ou par de petits moteurs, cette société possède la concession de Paris à Sèvres et Saint-Cloud par le Cours-la-Reine, et celles à exécuter de Paris à Vincennes, de Sèvres à Versailles, et de Rennes à la mer. — Pas de résultats connus.

Dieppe à Fécamp. — (Voir OUEST.)

Dole à Salins. — (Voir PARIS A LYON.)

Dijon à Besançon. — (Voir *idem.*)

Lyon à Avignon. — (Voir LYON A LA MÉDITERRANÉE.)

Montereau à Troyes. — (Voir EST.)

Montieux au Grand-Central. — (Voir GRAND-CENTRAL.)

Montluçon à Moulins. — (Voir *idem.*)

Montpellier à Cette. — Voir LYON A LA MÉDITERRANÉE.)

Montpellier à Nimes. — (Voir *idem.*)

Mulhouse à Thann. — (Voir EST.)

Orléans à Bordeaux. — (Voir ORLÉANS.)

Ougney. — Chemin de fer industriel se rattachant du chemin de Dijon à Besançon aux mines d'Ougney.

Paris à Caen et Cherbourg. — (Voir OUEST.)

Paris-Lyon-Méditerranée. — (Voir PARIS A LYON et LYON A LA MÉDITERRANÉE.)

Paris à Lyon par le Bourbonnais. — Administration à Paris, 57, rue Taitbout. — Concession commune aux trois compagnies d'Orléans, de Paris à Lyon et du Grand-Central, administrée par un syndicat choisi par ces compagnies. Cette exploitation comprendra diverses lignes ou tronçons que ces compagnies ont cédées au syndicat, et parmi lesquelles on compte la ligne de Juvisy à Corbeil, celle de Nevers à Saint-Germain-des-Fossés, les chemins dits de Rhône-et-Loire (Saint-Etienne à Lyon, Saint-Etienne à la Loire, Andrezieux à Roanne), etc.

Concession de quatre-vingt-dix-neuf ans à partir de 1857. L'État se réserve la faculté de rachat après quinze ans, aux conditions ordinaires, et partagera les bénéfices au delà de 8 0/0. Cette société n'a pas créé d'actions; elle a émis en 1856, au taux de 285 fr., et sous la garantie de l'État, 186,000 obligations au porteur, donnant 15 fr. d'intérêt annuel, et remboursables à 500 fr. par des tirages au sort qui dureront quatre-vingt-dix-sept ans. Les trois compagnies associées pour cette ligne garantissent solidairement ces obligations, dont l'intérêt est payé en janvier et juillet.

La compagnie de Lyon-Bourbonnais reconnaît et accepte aussi le service de diverses obligations créées par ses prédécesseurs, et comprenant :

1° Les obligations de l'emprunt 3 0/0 de Rhône-et-Loire, mêmes taux, intérêt et conditions que les précédentes, avec lesquelles elles peuvent s'échanger au pair;

2° Celles de l'emprunt 3 0/0 du Grand-Central,

mêmes taux, intérêt et conditions que ci-dessus;

3° Celles de l'emprunt 4 0/0 de Rhône-et-Loire, portant 25 fr. d'intérêt, payables en janvier et juillet, et remboursables jusqu'en 1952 à 625 fr.

Le taux de ces obligations ne s'élevant guère en ce moment au delà du prix d'émission, elles constituent un placement à plus de 5 0/0 remboursable avec un assez grand bénéfice, et offrant d'ailleurs d'assez solides garanties.

Paris à Rouen. — (Voir OUEST.)

Paris à Saint-Germain. — (Voir *id.*)

Paris à Argenteuil. — (Voir *id.*)

Paris à Auteuil. — (Voir *id.*)

Paris à Versailles, rive droite. — (Voir *id.*)

Paris à Versailles, rive gauche. — (Voir *id.*)

Rhône à la Loire. — (Voir GRAND-CENTRAL.)

Rouen au Havre. — (Voir OUEST.)

Rueil à Marly-le-Roy. — Voir plus haut CHEMINS DE FER DÉPARTEMENTAUX.)

Saint-Etienne à Lyon. — (Voir PARIS A LYON PAR LE BOURBONNAIS.)

Saint-Ouen. — Petite ligne industrielle devant aller du chemin de fer de ceinture à la gare de Saint-Ouen.

Strasbourg à Bâle. — (Voir EST.)

Tours à Nantes. — (Voir ORLÉANS.)

On cote à la Bourse de Paris, et l'on voit figurer au tableau de Bourse du *Moniteur* quelques chemins de fer de l'étranger, dans lesquels les capitalistes français sont intéressés pour une grande part. Nous allons dire un mot des plus importants, et notamment de ceux qui donnent le plus de prise à la spéculation, les *Autrichiens* et les *Sardes* (Victor-Emmanuel).

La société des *Chemins de fer Autrichiens* a son siége à Paris, au Crédit mobilier, 15, place Vendôme. — Capital, 200 millions. — Les actions sont de 500 fr.; elles touchent 5 0/0 d'intérêt annuel pendant la durée des travaux. Elles ne sont pas entièrement libérées; mais elles ne tarderont pas à l'être. Leur valeur en Bourse est de 600 à 650 fr. environ.

Cette société a en outre émis à 275 fr. des obligations remboursables à 500 fr. en quatre-vingt dix ans, et qui produisent 15 fr. d'intérêt annuel, payables en mars et septembre.

La durée de la concession est de quatre-vingt-douze ans à partir de 1855.

La société du chemin de fer sarde Victor-Emmanuel a son siége à Paris, 48, rue Basse-du-Rempart. — Son capital est de 50 millions, divisé en actions de 500 fr., dont moitié reste à payer. — Elles produisent 4 1/2 0/0 d'intérêt pendant les travaux. — La durée de la concession est de quatre-vingt-dix-neuf ans à partir de 1853. — Ces actions se vendent au-dessus du pair, entre 530 et 560.

Nous devons encore citer ici :

Les *chemins de fer Romains*, concédés à MM. Mirès et Ce, rue Richelieu, 99; — actions de 500 fr., dont 150 payés, et qui se tiennent, non sans peine, un peu au-dessus du pair;

Les *chemins de fer Russes*, lancés par le Crédit mobilier, 15, place Vendôme, actions dans les mêmes conditions que les précédentes;

Les *chemins Lombard-Vénitiens*, actions de 500 fr., dont 150 payés, et qui dépassent 600 fr. à la Bourse;

Le chemin *Ouest-Suisse*, actions de 500 fr. dont 250 payés, et qui se cote au-dessous du pair en ce moment; — obligations émises à 400 fr., remboursables à 500, produisant 20 fr. d'intérêt.

Le *Central-Suisse*, actions de 500 fr., peu en faveur; — obligations de 500 fr. et de 5,000 fr. remboursables en vingt-cinq ans et produisant 5 0/0 d'intérêt annuel ;

Le *Nord-Est-Suisse*, actions de 500 fr., peu cotées ;

Le chemin espagnol de *Taragone à Reuss*, actions de 250 fr.

Celui de *Saragosse*, actions de 500 fr. dont 250 payés ;

Le chemin prussien *François-Joseph*, actions de 500 fr. dont 150 payés ;

Celui de *Naples à Nocera et Castellamare*, actions de 1,000 fr. divisées en coupons de capital et coupons de jouissance, les premiers donnant 5 0/0, droit au dividende et au remboursement ; les seconds donnant une part de dividende et droit au partage de l'actif à la dissolution de la société.

CANAUX.

SOCIÉTÉ DES QUATRE CANAUX.

Administration, à Paris, 20, rue Saint-Fiacre.

Cette société tire son nom de la fusion des canaux suivants : canal latéral à la Loire, canal du Berry, canal du Nivernais, et canaux de Bretagne.

Son capital, qui a été prêté à l'Etat pour l'établissement des canaux, se monte à **68** millions, divisé en actions de **1,000** fr., nominatives ou au porteur, à la volonté des preneurs, et portant intérêt à 5 0/0, payable les 1er avril et 1er octobre. Elles sont remboursées par des tirages qui ont lieu chaque année depuis **1833**, et qui dureront jusqu'en **1867**, au prix de **1,250** fr.

Indépendamment de ces actions, chacune d'elles a engendré une action dite de *jouissance*, représentant la part éventuelle des bénéfices que le gouvernement attribuait à ses prêteurs sur les recettes que devait produire pendant quarante ans, à compter de 1867, l'exploitation des canaux. Depuis, et en raison de la concurrence des chemins de fer, qui réduit à zéro ces bénéfices, l'État a cru devoir racheter les droits que représentent les actions de jouissance, au moyen de trente payements annuels d'environ 8 fr. 35 par action.

CANAL DE BOURGOGNE.

Administration, 20, rue Saint-Fiacre.

27,200 actions de 1,000 fr. nominatives ou au porteur, produisant 5 0/0 annuels, payables les 1er avril et 1er octobre, et remboursables au pair par des tirages qui ont lieu tous les six mois jusqu'en 1888.

Les actions de jouissance sont rachetées par trente annuités d'environ 12 fr. 75 par action.

CANAL DU RHONE AU RHIN.

Administration, 12, place Vendôme.

10,000 actions de 1,000 fr. au porteur, donnant 5 0/0 d'intérêt, payables au 30 juin et au 31 décembre, et remboursables à 1,250 fr. par un coupon de prime de 250 fr. qui peut se détacher de l'action et se vendre à part.

Les actions de jouissance seront remboursées en trente annuités d'environ 43 fr. 25.

SOCIÉTÉ DES TROIS CANAUX.

Administration, 20, rue Saint-Fiacre.

Ces trois canaux sont : celui des Ardennes, celui de la Somme, et celui latéral à l'Oise. 19,600 actions de 1,000 fr., portant 5 0/0 d'intérêt annuel, payables les 10 avril et 10 octobre, et remboursables à 1,250 fr. par des tirages semestriels Comme pour les précédentes, la prime de 250 fr. est représentée par un coupon qui peut se détacher et se vendre à part.

Les actions de jouissance, en nombre égal aux autres actions, ne sont pas encore rachetées par l'Etat : en attendant qu'elles le soient, elles donnent un droit éventuel au produit de l'exploitation des trois canaux.

CANAL D'ARLES A BOUC.

Administration, 20, rue Saint-Fiacre.

6,000 actions de 1,000 fr. portant intérêt à 5 0/0 annuels, payables le 1er avril et le 1er octobre, et remboursables au pair jusqu'en 1864.

Les actions de jouissance donneront droit, à partir de 1864, et pendant quarante ans, à la moitié du revenu du canal.

Nous complétons cette partie de nos renseignements par quelques détails sommaires sur les canaux qui ont été exécutés dans d'autres conditions.

Il en est qui sont l'objet d'une concession perpétuelle. Parmi ceux-ci se trouvent :

1o *Le canal d'Aire à la Bassée.* 600 actions de 5,000 fr. divisés en 5 coupons de 1,000 fr. chaque. (12, rue St-Guillaume) ;

2o *Le canal du Languedoc*, 1,292 actions ou parts de 10,000 fr. chacune.

On signale parmi ceux qui ont été concédés temporairement, comme les chemins de fer :

1o *Le canal de Beaucaire*, concédé jusqu'en 1881. — 552 actions de 5,000 fr. au porteur (rue Basse-du-Rempart, 48) ;

2o Celui de *la Sensée*, 175 actions de 10,000 fr. nominatives. Concédé jusqu'en 1917 ;

3o *Le canal Saint-Martin*, concédé jusqu'en 1920, — 3,600 actions de 1,000 fr., et même nombre d'actions de jouissance (rue Hauteville, 50) ;

4o Celui de *la Sambre française*, 1,100 actions de

500 fr. dont 600 au porteur, et les autres nominatives. Concédé jusqu'en 1893 (rue de Provence, 13);

5° *Le canal de jonction de la Sambre à l'Oise*, concédé jusqu'en 1937. 11.500 actions de 1,000 fr. au porteur (même administration);

6° *Le canal de la Scarpe*, concédé jusqu'en 1903. — 2,200 actions de 1,000 fr., et même nombre d'actions de jouissance (rue St-Guillaume, 31).

Pour les canaux étrangers, les spéculateurs font quelques opérations sur les actions de la Compagnie espagnole pour la *canalisation de l'Ebre*, valant 533 fr. 33 c. (2,000 réaux).

Le canal de Suez (bureaux à Paris, 9, rue Richepanse) est entrepris par une Compagnie française fondée en 1856 pour quatre-vingt-dix-neuf ans, et dont le capital, 200 millions, est divisé en actions de 500 fr. qui ont droit à 5 0/0 d'intérêt annuel pendant la durée des travaux.

Nous venons d'énumérer la majeure partie des valeurs sur lesquelles s'exerce plus spécialement la spéculation de la Bourse. Mais il en reste encore un très grand nombre que nous ne pouvons laisser ignorer, bien qu'elles donnent lieu à beaucoup moins de transactions. Nous allons les classer par catégories, et donner sur elles, aussi sommairement que possible, les détails que nous croyons utiles.

Nous commencerons ce travail par les institutions secondaires de banque et de crédit. Nous aborderons ensuite les Compagnies d'assurance; puis les mines et usines métallurgiques. Nous ferons suivre par des renseignements sur les industries de navigation et de transport, et nous clorons le chapitre par les industries diverses.

BANQUES COLONIALES, 37, rue d'Amsterdam.

Ces banques sont divisées en trois catégories : la première comprend celles de la Martinique, de la Guadeloupe et de la Réunion, au capital de 3 millions, divisé en actions nominatives de 500 fr. chacune. La Banque de la Guyane, qui vient ensuite, dispose d'un capital de 300,000 fr., et celle du Sénégal de 230,000 fr., divisés de la même manière, en actions de 500 fr.

Les dividendes et intérêts sont payés en juillet et janvier de chaque année.

BANQUE DE L'ALGÉRIE, à Alger.

6,000 actions de 500 fr. donnant droit à un intérêt annuel de 4 0/0, et à une part proportionnelle dans les bénéfices.

COMPAGNIE GÉNÉRALE DES CAISSES D'ESCOMPTE. — A. Prost et Ce, 48, rue Neuve-des-Mathurins.— Capital : 30 millions, divisé en actions de 500 fr., nominatives ou au porteur, à la volonté des preneurs. Produit : 5 0/0 payables le 31 décembre, avec dividende éventuel. L'assemblée générale ne reçoit que les propriétaires de 10 actions au moins.

CAISSE D'ESCOMPTE DES CUIRS ET PAPIERS, 8, rue Marie-Stuart.

4,000 actions de 500 fr., nominatives ou au porteur.

CAISSE D'ESCOMPTE DES MÉTAUX ET CHARBONS, 25, rue de Rivoli.

6,000 actions de 500 fr.

COMPTOIR CENTRAL. — Bonnard et Ce, 51, rue de la Chaussée-d'Antin. — Actions de 100 fr. au porteur, donnant 5 0/0 d'intérêt annuel, et un dividende proportionnel, composé de 75 0/0 des bénéfices nets.

Ces actions ont donné jusqu'à 20 0/0 et plus de dividende en sus de l'intérêt, et cependant elles ne montent pas à la Bourse en proportion de ce revenu.

Pour être admis à l'assemblée générale, il faut posséder au moins 25 actions.

CAISSE GÉNÉRALE DES CHEMINS DE FER (Mirès et Ce),
99, rue de Richelieu.

100,000 actions au porteur de 500 fr. chacune. Cette Société exploite, entre autres entreprises, les terrains des Champs-Élysées, les voitures de place, les journaux le *Constitutionnel* et le *Pays*, les ports et le gaz de Marseille, et enfin les chemins de fer romains. Ses actions sont généralement au-dessous du pair, bien qu'elles aient produit jusqu'à 16 0/0. Les intérêts (5 0/0) sont payés en janvier et juillet, le dividende au mois d'août. — L'assemblée générale se compose des deux cents plus forts actionnaires.

CAISSE GÉNÉRALE DES ACTIONNAIRES,
Léopold Amail, 108, rue Richelieu.

50,000 actions de 500 fr. au porteur. Dans cette Société comme dans la précédente et dans quelques autres, l'actionnaire peut déposer ses titres à la caisse sociale, et recevoir en échange un certificat nominatif. — L'assemblée générale n'admet que les propriétaires de vingt actions au moins — Les intérêts à 5 0/0 sont payés le 1er juillet et le 1er janvier. Le dividende (75 0/0 des bénéfices nets), est distribué à part. La moitié seulement du prix des actions est payée.

SOCIÉTÉ GÉNÉRALE DU CRÉDIT MARITIME,
Rue de Provence.

40,000 actions de 500 fr. au porteur, dont 6,000 seulement ont été émises jusqu'à ce jour. Intérêt fixe de

5 0/0 par an, et dividende proportionnel aux bénéfices de l'entreprise. — L'assemblée générale se compose des cent plus forts actionnaires.

SOCIÉTÉ DU CRÉDIT INDUSTRIEL, 4, rue Drouot.

120,000 actions de 100 fr. au porteur, divisées en trois séries de 40,000, dont la première seule est émise. Intérêt fixe de 5 0/0, payable les 1er août et 1er octobre ; dividende éventuel.

Cette société est maintenant en liquidation.

CAISSE CENTRALE DE L'INDUSTRIE (Vergniolle et Ce), 110, rue Richelieu.

50,000 actions de 100 fr. au porteur. Intérêt de 5 0/0 payables les 15 janvier et 15 juillet ; dividende proportionnel aux bénéfices. — Il faut posséder 40 actions pour être représenté à l'assemblée générale.

CAISSE COMMERCIALE (Béchet, Dethomas et Ce), 117, boulevard Poissonnière.

20,000 actions de 500 fr., nominatives ou au porteur, à la volonté de l'actionnaire. 15,300 seulement sont émises. — Intérêt, 4 0/0, payable les 2 janvier et 1er juillet. Dividende, 60 0/0 des bénéfices nets.

L'assemblée générale se compose des cent plus forts porteurs d'actions nominatives.

CAISSE LEHIDEUX, 83, rue Charlot.

6,000 actions de 1,000 fr., nominatives ou au porteur. Intérêt annuel de 4 0/0 : dividende, 40 0/0 des bénéfices nets.

Pour assister aux assemblées, il faut posséder au moins cinq actions.

Intérêts et dividendes payés en janvier et juillet.

CAISSE BOURON, 44, rue Laffitte.

2,000 actions de 500 fr., nominatives ou au porteur.

CAISSE INDUSTRIELLE (Courtois et C°),
34, rue Saint-Marc.

10,000 actions de 100 fr. au porteur. Intérêt annuel, 5 0/0. — Dividende éventuel, fixé par l'assemblée générale ; pour y être admis, il faut posséder vingt actions au moins.

CAISSE DU COMMERCE ALGÉRIEN, à Alger.

20,000 actions de 200 fr. au porteur ou nominatives.

LE CHEPTEL, 39, boulevard Bonne-Nouvelle.

Actions de 1,000, de 500 et de 100 fr. au porteur. Intérêt fixe de 5 0/0 ; dividende proportionnel.

L'UNION FINANCIÈRE ET INDUSTRIELLE (Calley de Saint-
(Paul, 42, avenue Gabriel).

Société fondée pour vingt-cinq ans, du 28 mai 1856. — 200,000 actions de 500 fr. non entièrement émises, et sur lesquelles un seul versement a été fait.

C'est cette Société qui a souscrit le dernier emprunt du département de la Seine.

CAISSE GÉNÉRALE DES HALLES ET MARCHÉS,
9, rue du Four-Saint-Honoré.

100,000 actions de 100 fr. au porteur, dont 60,000 seulement sont émises, et sur lesquelles un versement de 25 fr. a été fait.

CAISSE DES USINES A GAZ, 24, boulevard Poissonnière.

50,000 actions de 100 fr. chacune.

CAISSE COMMERCIALE DE SAINT-QUENTIN,
17, rue de la Banque.

16,000 actions de 500 fr. au porteur. Produit : 5 0/0 annuels, payables par semestre, et un dividende de 65 0/0 des bénéfices.

CRÉDIT MOBILIER ESPAGNOL (Crédit mobilier),
15, place Vendôme.

Société fondée pour quatre-vingt-dix-neuf ans, à partir de 1856. — 240,000 actions de 500 fr. (1,900 réaux). — Intérêt fixe, 6 0/0 par an : dividende, 88 0/0 des bénéfices nets, payé le 1er juillet.

L'assemblée générale se compose des cent cinquante plus forts actionnaires.

COMPAGNIE GÉNÉRALE DU CRÉDIT EN ESPAGNE (M. Prost)
48, rue Neuve-des-Mathurins.

Société de quatre-vingt-dix-neuf ans. 210,000 actions de 500 fr. au porteur. — Intérêt annuel de 6 0/0 ; dividende, 88 0/0 des bénéfices. L'assemblée générale se compose des cent cinquante plus forts actionnaires.

CRÉDIT MOBILIER DES ÉTATS SARDES.

Fondé par la Caisse centrale de l'industrie, 110, rue Richelieu. — 80,000 actions nominatives, de 250 fr., versés par dixième, à mesure des besoins sociaux. Intérêt, 5 0/0 annuels. — Dividende, les trois quarts des bénéfices de la Société.

ASSURANCES.

Les assurances diffèrent, comme placement de capitaux, des autres opérations. On y perçoit d'assez beaux dividendes presque sans verser de fonds ; il suffit aux actionnaires de ces Sociétés de se tenir prêts à indemniser, jusqu'à concurrence du montant de leur souscription, tous les risques qu'ils se sont engagés à couvrir. Et comme, dans la réalité des faits, les sommes versées par les assurés suffisent et au delà pour cet objet, les appels de fonds n'ont lieu que dans des circonstances exceptionnelles. Il en résulte que, dans beaucoup de ces sociétés, l'actionnaire, au lieu de verser des fonds, se borne à déposer en garantie dans la caisse sociale des valeurs dont il touche les intérêts d'un côté, et qui lui en promettent encore de l'autre.

Les Sociétés d'assurances embrassent :

1° Les assurances maritimes ;

2° Les assurances contre l'incendie ;

3° Les assurances contre la grêle ;

4° Les assurances sur la vie.

Assurances maritimes.

Compagnie centrale, 7, place de la Bourse. — Capital, 5 millions, divisé en actions nominatives de 5,000 fr., dont le cinquième seulement est versé ou représenté par des effets publics français. Le reste est exigible au premier appel de l'administration, et cette disponibilité, qui tient, comme nous l'avons expliqué, à la nature même des Sociétés d'assurances, est assez ordinairement cause que les actions ne se transmettent qu'avec l'agrément du conseil. C'est ce qui se passe ici pour tout cessionnaire qui n'a pas déposé en garantie une valeur égale au montant de son action.

Le revenu de ces actions a atteint 120 fr. par an. Ce serait peu de chose s'il s'appliquait à un capital versé ; mais pour le seul fait de déposer une valeur de 1,000 fr. qui produit intérêt ailleurs, c'est un beau denier.

Cette Société est constituée jusqu'au 23 novembre 1884.

Chambre d'assurances, 40, rue Notre-Dame-des-Victoires. — Capital, 3 millions, divisé en actions nominatives de 5,000 fr., aux mêmes conditions que celles indiquées ci-dessus.

Elles rapportent assez ordinairement 180 fr. par an.

La Société est constituée jusqu'au 16 septembre de cette année 1857.

L'*Eole*, 40, rue Notre-Dame-des-Victoires. — Capital, un million, actions nominatives de 5,000 fr. dont 1,000 versés. — Cette Société prendra fin le 29 août 1885.

Compagnie d'assurances générales, 87, rue Richelieu. — Capital, 5 millions, divisé en deux séries d'actions. 300 sont nominatives, au capital de 12,500 fr., dont un cinquième a été versé originairement par l'actionnaire, et un second cinquième retenu sur les bénéfices. Ces actions ne se transfèrent qu'avec l'agrément du Conseil d'administration. Les autres, au nombre de 1,000, sont au porteur, de 1,250 fr., versés entièrement. Elles ont produit jusqu'à 190 fr. de dividende par an, outre l'intérêt à 5 0/0, et les actions nominatives ont rapporté 1,900 fr., plus l'intérêt, en 1855. Il est vrai qu'il y a eu des années où elles n'ont rien produit comme dividende.

Cette Société a été prorogée jusqu'en 1898.

L'*Indemnité*, 24, boulevard Poissonnière. — Capital, 2 millions ; actions nominatives de 5,000 fr., dont un cinquième versé. — Durée, trente ans, du 7 mai 1856.

Lloyd français, 8, place de la Bourse — Capital, 6 millions ; actions nominatives de 5,000 fr., dont un cinquième déposé en valeurs sur l'État. Ces actions ont produit, dans ces conditions, jusqu'à 290 fr. pour une année.

La Société doit durer jusqu'au 16 mars 1867.

La *Maritime*, 4, place de la Bourse. — Capital, 1 million ; actions de 1,000 fr., nominatives ou au porteur, au choix, entièrement libérées. — Durée jusqu'au 25 mars 1884.

La *Mélusine*, 6, place de la Bourse. — Capital, 2 millions : actions nominatives de 5,000 fr., dont 200 fr. versés, et un coupon de 36 fr. de rente 3 0/0 transféré à la Compagnie. — Durée, trente ans du 15 mars 1838. — Le revenu de ces actions s'est successivement élevé de 22 fr. à 252 fr.

Le *Neptune*, 15, rue Notre-Dame-des-Victoires. — Capital, 500,000 fr; actions nominatives de 5,000 fr., dont un cinquième versé. — Durée jusqu'en février 1874.

L'*Océan*, 6, place de la Bourse. — Un million divisé en actions nominatives de 5,000 fr.; dont un cinquième versé. — Durée jusqu'au 13 décembre 1894. — Les actions ont produit jusqu'ici, intérêt et dividende, plus de 200 fr. par an, soit 20 0/0 et plus du capital versé.

Le *Phare*, 36, rue Vivienne. — Un million de capital ; actions nominatives de 5,000 fr., dont un cinquième versé. — Durée jusqu'en décembre 1873.

Le *Pilote*, 8, rue Laffitte. — Même capital et division d'actions que ci-dessus. — Durée jusqu'au 23 juin 1882. — Revenu de 1855, 374 fr. Les années précédentes avaient donné seulement 50, 70 et 30 fr.

La *Réunion*, 10, place de la Bourse. — 6 millions ; actions nominatives de 5,000 fr., dont un cinquième versé. — Durée jusqu'en juin 1905.

La *Sauvegarde*, 8, place de la Bourse. — Un million, divisé comme ci-dessus. — Durée jusqu'au 4 mai 1876. — Les dividendes, de 1851 à 1855, ont subi les phases suivantes : 115, 270, 275, 25, 405 fr.

La *Sécurité*, 6, place de la Bourse. — Un million et demi ; actions de 5,000 fr., dont un cinquième versé. — Cette Société a dû prendre fin en août de cette année 1857.

La *Vigie*, 2, rue de la Bourse. — Un million, divisé comme ci-dessus. — Durée jusqu'en mai 1875. — Les revenus de ces actions, qui dépassaient 300 fr. année commune, ont atteint 915 fr., presque 100 0/0, en 1855.

L'Union des Ports, 4, place de la Bourse. — Capital, 5 millions, divisé en deux séries d'actions : 940 nominatives, de 5,000 fr., dont trois vingtièmes versés, et 60 actions au porteur, de 5,000 fr., réparties en dix coupons de 500 fr., entièrement libérés. — Pour équilibrer avec justice la position de ces deux espèces d'actions, on leur réserve 5 0/0, avant tout dividende, en proportion des sommes versées, soit 37 fr. 50 c. aux actions nominatives, et 250 fr. aux actions au porteur. Durée jusqu'en mai 1866.

Compagnie française des Prêts à la grosse, 87, rue Richelieu. — Un million ; actions nominatives de 5,000 fr., dont un cinquième versé. — Durée jusqu'au 16 juillet 1883. — Le revenu de ces actions atteint 150 fr.

Il nous reste à mentionner, comme complément de notre liste des principales Sociétés d'assurances maritimes, celles dont le siége n'est pas à Paris.

Nous citerons l'*Alliance maritime*, la *Garonne* et le *Lloyd bordelais*, sociétés établies à Bordeaux ; la *Commerciale*, les *Deux-Mondes*, l'*Espérance*, la *Compagnie d'assurances*, l'*Univers*, la *Société havraise et parisienne*, toutes les six ayant leur siége au Havre ; la *Compagnie du Finistère*, à Brest ; le *Lloyd marseillais*, à Marseille ; la *Provence*, à Grasse, etc. Ces Sociétés sont presque toutes dans des conditions analogues à celles que nous avons décrites.

Assurances contre l'incendie.

L'Aigle, 13, rue du Helder. — Capital, 2 millions, divisés en actions nominatives de 5,000 fr., dont un cinquième versé. — Durée jusqu'en mai 1893.

La *Confiance*, 102, rue Richelieu. — 4 millions, divisés comme ci-dessus. Durée jusqu'en septembre 1894.

L'*Étoile*, 1, rue de la Bourse. — 1 million, divisé en actions de 100 fr. au porteur. — Durée jusqu'en février 1886.

La *France*, 16, rue de Ménars. — 10 millions; actions nominatives de 5,000 fr., dont 100 fr. versés, et transfert d'une valeur représentant 900 fr. Durée jusqu'au 27 février 1887. — Le revenu de ces actions est arrivé successivement de 50 à 200 fr.

Compagnie d'assurances générales, 87, rue Richelieu. — 2 millions, divisés en 300 actions nominatives de 5,000 fr. (dont un cinquième versé, et un second cinquième retenu sur les bénéfices), et 1,000 actions de 500 fr. au porteur, entièrement libérées. — Cette société, qui prélève 2 0/0 par an sur ses bénéfices pour des œuvres de bienfaisance, a distribué à ses actionnaires, outre un intérêt de 5 0/0, des dividendes qui se sont élevés jusqu'à 2,275 fr. pour une année (actions nominatives) et à 227 fr. 50 c. (actions au porteur).

C'est plus de 200 0/0 aux premiers, et presque 50 0/0 aux seconds : aussi une action de 5,000 fr. se vendait-elle, en juillet 1856, quelque chose comme 40,000 fr.

Durée jusqu'en mars 1899.

La *Nationale*, 3, rue de Ménars. — 10 millions; actions nominatives de 5,000 fr., sur lesquelles il est fait seulement un transfert de 50 fr. de rente à la compagnie. — Les revenus annuels de ces actions se sont élevés, en trente ans, de 65 à 675 fr.

Durée jusqu'au 11 février 1900.

La *Paternelle*, 4, rue de Ménars. — 6 millions; actions nominatives de 1,000 fr., dont quatre dixièmes versés. — Durée jusqu'en octobre 1893. — Ces actions, qui rapportent 20 fr. environ , se vendent à peu près au pair.

Le *Phénix*, 40, rue de Provence. — 4 millions ; actions de 1,000 fr. au porteur, entièrement libérées. Durée jusqu'au 1er septembre 1898. Le plus haut dividende annuel a été de 225 fr., et le plus haut cours des actions 3,750 fr.

La *Providence*, 13 , rue de Ménars. — 5 millions ; actions nominatives de 2,500 fr. dont un cinquième versé. — Durée jusqu'en septembre 1868. Le plus haut revenu a été de 90 fr.

La *Salamandre*, 8, place de la Bourse. — 3 millions, répartis en 500 actions nominatives de 500 fr., et 100 actions de 5,000 fr. au porteur, divisés à volonté en coupons de 500 fr. — Cette société borne ses opérations au département de la Seine.

Le *Soleil*, 13, rue du Helder. — 6 millions ; actions nominatives de 6,000 fr. , qui peuvent se diviser en coupons de 1,000 fr. , nominatifs ou au porteur, à la volonté du souscripteur. Les coupons sont entièrement libérés ; les actionnaires nominatifs se bornent à transférer à la compagnie 35 fr. de rente sur l'État — Durée jusqu'en septembre 1928. — Les dividendes annuels sont d'environ 300 fr. par action.

L'*Union*, 15 , rue de la Banque. — 10 millions ; actions nominatives de 5,000 fr. , dont 100 fr. versés , et un transfert de 45 fr. de rente. — Durée jusqu'au 5 octobre 1878. — Les dividendes se sont élevés jusqu'à 325 fr. en 1855.

L'*Urbaine*, 8, rue Lepelletier. — 5 millions ; actions nominatives de 5,000 fr., dont 200 fr. versés, plus un transfert de 40 fr. de rente. — Durée jusqu'en mars 1858. — Les dividendes atteignent 300 fr.

Aux sociétés d'assurances, nous ajouterons celles qui ont pour titres : le *Midi*, siége à Marseille, et le *Nord*, siége à Lille et succursale à Paris, 10, rue de Ménars. Le capital du *Midi* est de 2 millions, divisé en actions nominatives de 5,000 fr., dont un cinquième versé. — Celui du *Nord* est également de 2 millions : mais les actions nominatives ne sont que de 1,000 fr., dont un cinquième versé.

Assurances contre la grêle.

Compagnie d'assurances générales, 87, rue Richelieu. 10 millions ; actions nominatives de 5,000 fr., dont un cinquième versé. — Durée jusqu'en octobre 1904. — Le revenu de ces actions ne dépasse guère 5 0/0 du capital versé.

L'Agriculture et la Générale réunies, 14, rue Saint-Marc. — Société en commandite sous la raison sociale *Bonnal et Ce*. — Capital, 7 millions et demi, divisés en actions de 100 fr. et de 500 fr. au porteur. — Durée cinquante ans, du 1er janvier 1854.

L'Abeille bourguignonne, siége à Dijon (Côte-d'Or), — Durée jusqu'au 25 juin 1906 ; capital, 1 million ; actions nominatives de 500 fr., dont un cinquième versé.

Assurances sur la vie.

Caisse paternelle, 3, rue de Ménars. — 6 millions ; actions nominatives de 500 fr., dont un cinquième versé. — Durée, cinquante ans, du 15 mars 1850. — Les dividendes annuels sont tombés de 20 à 5 fr.

Le *Conservateur*, 6, rue Grange-Batelière. — 1,250,000 fr., divisés en 1,000 actions nominatives de 1,000 fr., dont un cinquième versé, et 500 actions de 500 fr. au porteur, entièrement libérées. — Durée, quatre-vingt-dix ans, du 2 août 1844.

Compagnie d'assurances générales, 87, rue Richelieu. — Durée jusqu'en février 1919 ; capital, 3 millions, ainsi divisés : 300 actions nominatives de 7,500 fr., et 1,000 actions de 750 fr. au porteur. Ces actions, entièrement libérées, ont rapporté, ces dernières années : les nominatives, plus de 2,000 fr. annuels, et celles au porteur plus de 200 fr.

L'Impériale, 182, rue de Rivoli. — 5 millions : actions de 500 fr., sur lesquelles moitié a été versée, et qui resteront nominatives jusqu'à libération, après quoi elles seront au porteur. — Durée, quatre-vingt-dix-neuf ans, du 27 mars 1854. — Ces actions ne dépassent guère le pair.

La *Nationale*, 3, rue de Ménars. — 15 millions ; actions de 5,000 fr., sur lesquelles il n'est rien versé : il est seulement transféré 50 fr. de rente par le souscripteur. — Durée jusqu'en mai 1929. — Ces actions ont produit 300 fr. chaque année depuis dix ans.

Le *Phénix*, 40, rue de Provence. — 4 millions ; actions nominatives de 5,000 fr., dont un cinquième versé. — Durée, quatre-vingt-dix-neuf ans, du 9 juin 1844. — Les dividendes annuels sont d'environ 150 fr.

L'Union, 15, rue de la Banque. — 10 millions ; actions nominatives de 5,000 fr., sans autre versement qu'un transfert de 50 fr. de rente. — Même revenu à peu près que ci-dessus.

Assurances militaires.

La nouvelle loi sur l'exonération du service militaire ayant changé complétement les conditions d'existence des compagnies qui s'étaient fondées sur le remplacement, il n'en existe plus qu'une seule, dont le but est de fournir aux familles, non plus des hommes, comme autrefois, mais l'argent nécessaire au payement de l'impôt nouveau.

Cette *Banque d'exonération*, société en commandite sous la raison sociale *Armengaud et Ce*, a son siège rue Montmartre, 146. Son capital est de 10 millions, divisés en actions de 100 fr. au porteur, entièrement libérées. Elle est constituée pour durer jusqu'au 30 septembre 1885.

Sociétés de navigation et de transport.

L'Aigle, société anonyme pour la navigation du Rhône et de la Saône, siège à Lyon. — Capital flottant, divisé en dix-huit cents parts ou actions. — Durée, trente ans, du 12 octobre 1853.

Compagnie d'armements maritimes, 20, rue Drouot. — Commandite *Barbey et Ce*, — 25 millions ; actions de 500 fr. au porteur. — Le revenu de ces actions, réserve comprise, a varié, depuis 1850, de 25 à 39 0/0 : en 1856, il était descendu à 20.

Compagnie centrale de transport et de navigation, siège financier à Paris, administration à Bordeaux. — Commandite *A. Lubbert et Ce*. — Capital, 4,200,000 fr. ; actions de 500 fr. au porteur. — Durée, vingt-cinq ans, du 12 avril 1838.

Compagnie générale des clippers français, 20, rue Neuve-des-Capucines. — Société en commandite anglo-française, sous la raison sociale *Graham, de Linares et Ce* ; au capital de 20 millions, divisés en actions de 100 fr. au porteur. — Durée jusqu'en avril 1885.

Coches de la haute Seine et de l'Yonne (Entreprise générale des), Paris. — Capital, 970,000 fr. ; actions nominatives de 1,000 fr. — Doit se liquider en octobre de cette année 1857.

Compagnie générale de constructions maritimes et de navigation, Paris. — Commandite sous la raison sociale *A. Seguineau et Ce.* — Durée jusqu'à la fin de **1875.** — 10 millions de capital, dont 5 réalisés; actions de 100 fr. au porteur, qui peuvent être échangées contre des certificats de dépôt nominatifs.

Compagnie franco-américaine, **14**, rue Grange-Batelière. — Commandite *Gauthier frères et Ce.* — **23** millions; actions de 500 fr. au porteur. Intérêts payables en avril et octobre.

Compagnie générale maritime, 15, place Vendôme. Société anonyme créée pour trente ans, le 8 mai **1855.** Capital, **30** millions; actions de 500 fr., non entièrement libérées, nominatives jusqu'à parfait versement, et pouvant être transformées ensuite en actions au porteur. Ces actions, qui ont valu un moment 790 fr., sont redescendues aux environs du pair.

Compagnie générale de navigation fluviale et maritime, à La Villette. — Commandite *Pieau et Ce.* 60 millions, dont 10 émis; actions de 500 fr. au porteur. — Durée jusqu'à la fin de 1921.

Société des Paquebots de Paris, société anonyme constituée pour vingt ans, du 29 mars 1854. Capital, **400,000** fr.; actions nominatives de **1,000** fr., libérées de moitié.

Compagnie des services maritimes des Messageries impériales, **28**, rue Notre-Dame-des-Victoires. — Capital, **24** millions; actions de 500 fr., au porteur après entier versement, mais pouvant être transformées en titres nominatifs.

Cette société a fait un emprunt de 8 millions, pour lequel elle a émis des obligations de 500 fr., remboursables au pair en quatorze ans et produisant 6 0/0 d'intérêt annuel.

Les actions de cette société ont produit en 1855 plus de 20 0/0. — Durée jusqu'au 31 décembre 1901.

Compagnie du touage de la basse Seine et de l'Oise, 1, rue des Saints-Pères. — Société anonyme au capital d'un million et demi ; actions de 500 fr., libérées de moitié, nominatives jusqu'à libération entière, et transformées ensuite en titres au porteur. Intérêts à 5 0/0 payables par semestre ; dividende payé une fois l'an.

Compagnie des transports sur le Rhône et la Saône. — Société anonyme créée pour trente ans, du 8 août 1848. — 3 millions ; actions nominatives de 1,000 fr. — Siége à Lyon.

Compagnie générale de la navigation à vapeur. — Commandite Bazin, Léon Gay et Ce. Siége à Marseille. Capital, 10 millions, dont 5 émis ; actions de 500 fr. au porteur. Intérêts à 5 0/0 payables en janvier et juillet ; dividende distribué en juillet.

Compagnie de navigation mixte. — Commandite L. Arnaud, Touache et Ce. — Siége à Marseille. — 5 millions ; actions de 500 fr. au porteur. Les dividendes se payent en février.

Compagnie des bateaux à vapeur du Finistère. — Société anonyme dont le terme d'expiration est fixé au 15 avril 1860, et qui a son siége au Havre. Capital indéterminé, divisé en 720 parts ou actions nominatives.

Compagnie générale des Paquebots à vapeur fluviaux et maritimes, 2, rue Taitbout. — 4 millions ; actions de 250 fr., libérées de moitié, donnant droit à 5 0/0 d'intérêts et à un dividende proportionnel, payables en janvier et juillet.

Compagnie des Gondoles. — Société anonyme fondée à Lyon, en 1829, pour cinquante années. Capital indéterminé, divisé en 2.000 parts ou actions nominatives.

Société Phocéenne. — Commandite Altaras, Caune et Cᵉ, à Marseille. — Capital, 2 millions et demi; actions de 250 fr. au porteur.

Marseille possède encore plusieurs compagnies de navigation, parmi lesquelles nous citerons, pour mémoire, les commandites Bazin Périer, Valéry, André Abeille, Marc Fraissinet, Chargé aîné, Cohen et H. Bouchet.

Mines, Houillères et Charbonnages.

Compagnie des mines de houille d'Anzin. — Société civile remontant à 1757, et dont les parts, au nombre de 288, ont actuellement une valeur d'environ 140 à 150,000 fr.; elles rapportent annuellement près de 8,000 fr. Ces valeurs ne se négocient pas à la Bourse; elles se vendent généralement par le ministère des notaires.

Société des mines d'Aubin. — (Voir Chemin de fer GRAND-CENTRAL.)

Société des mines de houille d'Azincourt. Siége à Aniche (Nord). — Durée, quatre-vingt-dix-neuf ans, du 3 juillet 1842, Capital indéterminé, divisé en 1,500 parts ou actions nominatives, dont la valeur en Bourse s'est successivement élevée de 500 fr. à 1,500 fr.

Société des mines de houille de Blanzy. Siége à Blanzy (Saône-et-Loire). — Commandite Jules Chagot et Cᵉ, devant finir le 31 juillet 1920. 15 millions : actions de 500 fr. au porteur, donnant 5 0/0 d'intérêts, et un dividende qui s'est élevé à 8 fr. en 1854 et 1855. Les intérêts sont payables le 1ᵉʳ février et le 1ᵉʳ août; le dividende est distribué le 1ᵉʳ février.

Cette société a émis, pour un emprunt qu'elle a fait en 1848, deux séries d'obligations au porteur produisant 5 0/0 annuels, et remboursables au pair par des tirages qui dureront jusqu'en 1879. Les obligations de la première série sont de 1,000 fr., et celles de la seconde sont de 250 fr. Il y en a mille de chaque espèce.

Compagnie des houilles de Brassac; 46, rue de la Victoire. — Commandite Lacretelle. Capital indéterminé, divisé en 8,000 parts ou actions qui rapportent moyennement 15 fr. par an. Elles valent 300 fr. environ.

Compagnie des houillères et chemins de fer de Carmeaux-Toulouse. — Commandite Mancel père et fils et Ce, 16, place Vendôme. — Durée, quatre-vingt-dix-neuf ans, du 7 mars 1856. — Capital, 17,400,000 fr.; actions de 150 fr. au porteur.

Société houillère du centre du Fléau, société civile constituée pour quatre-vingt-dix-neuf ans, du 1er mars 1838. — 19, rue Meslay. — 3,600,000 fr.; actions de 1,000 fr. nominatives ou au porteur, au choix. Dividendes payés en janvier et juillet. Ces actions, qui n'ont jamais rapporté au delà de 20 fr. annuellement, sont entre 200 fr. et 240 fr.

Compagnie houillère de Chalonnes-sur-Loire, 9, rue Saint-Florentin. — Société civile de quatre-vingt-dix-neuf ans, à partir de mars 1843. — 1,200,000 fr.; actions nominatives de 1,000 fr.

Société de la houillère de Chancy-Saint-Étienne. Siège à Paris. Société civile de quatre-vingt-dix-neuf ans, du 7 avril 1838. — 2,700,000 fr.; actions de 1,000 fr. au porteur.

Compagnie des charbonnages belges, 21, rue Laffitte. — Société anonyme, quatre-vingt-dix-neuf ans, du 6 mai 1846. Capital 15 millions, divisé en actions de 500 f., nominatives ou au porteur, au choix des souscripteurs. Ces actions sont restées constamment au-dessous du pair. Elles ont rapporté 25 fr. en 1854 et 1855.

Mines de houille de la Chazotte, 20, rue Neuve-des-Mathurins. — Société anonyme constituée pour quatre-vingt-dix-neuf ans, le 27 octobre 1843. Fonds social divisé en 3,500 parts ou actions au porteur. Elles ont rapporté annuellement depuis 5 fr. jusqu'à 42 fr., et leur valeur a varié de 260 à 790 fr.

Houillères de Commentry, 16, place Vendôme. — Commandite Boigues, Rambourg et Ce. Durée, soixante ans du 1er janvier 1854. Fonds social divisé en 50,000 parts, dont la valeur varie de 5 à 600 fr.

Cette société a émis des obligations de 1,000 fr. produisant 50 fr. d'intérêts, et remboursables à 1,250 fr.

Houillères et chemin de fer d'Épinac, 35, rue Lepeletier. — Société anonyme fondée pour quatre-vingt-dix-neuf ans, du 2 juillet 1850. Fonds social divisé en 2,400 actions au porteur. Dividendes payés en juin et novembre.

Compagnie houillère de la Grand-Combe, 57, rue de la Chaussée-d'Antin. — Société anonyme créée pour cinquante ans, du 3 octobre 1855. — 24,000 parts ou actions nominatives ou au porteur, au choix. Leur taux s'est élevé successivement de 500 fr. à 900 fr., et les dividendes, distribués les 30 juin et 31 décembre de chaque année, ont suivi une semblable proportion, de 25 à 60 fr.

Granits de l'Ouest, 52, quai de Jemmapes. — Commandite P. Lepelletier et Ce. Durée, vingt-cinq ans du 1er janvier 1855. 2,400 actions de 500 fr., nominatives jusqu'à libération complète, et transformées ensuite en titres au porteur.

Houillères de la Haute-Loire, 6, place de la Bourse.

— Durée, quatre-vingt-dix-neuf ans, du 6 octobre 1837. — Capital, 2,600,000 fr., divisés en actions de 500 fr. nominatives ou au porteur, au choix. Les intérêts et dividendes sont payés en avril et octobre ; ils sont peu considérables, et le taux des actions est loin d'atteindre le pair.

Cette société a émis des obligations de 1,000 fr., produisant 5 0/0, et remboursables à 1,250 jusqu'à l'année 1887.

Compagnie houillère de Layon et Loire, 4, rue de Provence. — Société anonyme fondée pour quatre-vingt-dix-neuf ans, du 9 juin 1847. — Fonds social divisé en 1,850 parts ou actions au porteur.

Mines de la Loire, 44, rue de la Victoire.—Société anonyme constituée en décembre 1854 pour quatre-vingt-dix-neuf ans, en même temps que les trois suivantes, par suite de la division en quatre groupes de l'ancienne société, qui était parvenue à monopoliser toute l'exploitation houillière des départements de la Loire et du Rhône. 80,000 parts ou actions nominatives ou au porteur. Dividendes payés en avril et octobre. Le taux de ces parts a varié jusqu'ici de 135 à 175 fr.

Mines de Saint-Étienne, 7, rue de Constantine, à Lyon. — Société anonyme de même date que la précédente. — 80,000 parts comme ci-dessus. Cours des actions, 105 fr. à 162 fr. 50 c. en trois ans.

Mines de Rive-de-Gier, 1, placé de la Miséricorde, à Lyon. — Même création, même nombre de parts que ci-dessus.

Cette société est la plus riche des quatre : ses parts valent près de 300 fr., et ont produit jusqu'à 27 fr. en 1855.

Mines de Montrambert, 2, rue Lafont, à Lyon. — Mêmes création et nombre de parts que les précédentes

— C'est la plus pauvre des quatre : le cours de ses parts a atteint 180 fr., mais son dividende a été le plus faible.

L'ancienne société, qui comprenait les quatre groupes, a émis à plusieurs reprises des obligations de 1,000 fr., qui sont remboursables à 1,250 fr. par annuités.

Houillères de Long-Pendu, siége à Saint-Symphorien de Lay (Loire). Commandite Dechastelus et Ce. — Durée jusqu'au 20 avril 1863. Capital, 2 millions, divisé en actions de 500 fr., qui ne rapportent guère au delà de 10 fr., et dont le cours reste aux environs de 220 fr.

Charbon minéral de Mayenne et Sarthe, à Laval. — Société anonyme créée pour cinquante ans, du 3 juillet 1855. 13,200 parts ou actions, nominatives ou au porteur, ayant produit jusqu'ici de 35 fr. à 40 fr. par an. Leur cours s'est élevé à 747 fr. 50 c.

Houillères de Montchanin, 47, rue de la Victoire. — Société civile au capital de 2,200,000 fr. Actions nominatives de 5,000 fr., qui produisent environ 350 fr. par an, et dont le cours reste aux environs de 4,000 fr.

Houillères de Montieux-Saint-Étienne, 10, rue Neuve-des-Mathurins. — Société civile au capital de 1,400,000 fr., divisé en actions de 500 fr. au porteur. Elles ont produit 80 fr. en 1854.

Compagnie charbonnière de la Moselle, siége à Paris. — Société civile constituée pour quatre-vingt-dix-neuf ans, du 1er janvier 1856, au capital de 3 millions. Actions nominatives de 500 fr.

Compagnie houillère de la Moselle, siége à Metz. — Commandite Pouget et Ce. Capital, 3,200,000 fr. Actions de 500 fr. au porteur.

Houillères de Pont-de-Loup (sud), 10, rue Neuve-des-Mathurins. — Société civile créée pour quatre-vingt-dix-neuf ans, le 15 mars 1838. 2,900,000 fr. de capital, divisé en actions de 1,000 fr. nominatives ou au porteur, au choix. Les dividendes, payés le 15 août, ont varié de 10 à 70 fr., et le cours des actions de 115 à 400 fr.

Houillères et chemin de fer de Portes et Sénéchas, 99, rue de Richelieu.—Commandite J. Mirès et Cⁿ. Durée, quarante ans, à partir du jour où cette société deviendra anonyme. 24,000 parts ou actions d'environ 300 fr.

Compagnie du Rhône (mines de houille de Communay), Lyon, Paris. — Commandite Giroud de Gand et Cⁿ. Quatre-vingt-dix-neuf ans, du 17 septembre 1852. 15,000 actions de 100 fr., sans cours connu.

Houillères de la Ricamarie, 2, passage de l'Opéra. — Société civile d'une durée indéterminée. Capital, 1 million, divisé en actions de 1,000 fr. au porteur.

Houillères de Saint-Chamond, 10, rue de la Chaussée-d'Antin. — Société anonyme, dont le capital est divisé en 3,275 parts ou actions nominatives.

Mines de houille et de schiste de la Sarcelière, 2, boulevard de Sébastopol. — Commandite Fauche et Cⁿ. — Capital, 2 millions; actions de 500 fr. et coupons de 100 fr. au porteur.

Houillères de Stiring, Paris. — Société anonyme, quatre-vingt-dix-neuf ans du 9 novembre 1852. — 12,000 parts ou actions, nominatives ou au porteur, au choix.

Houillères d'Unieux et Fraisse (Loire). Siège à Paris. — Société civile de vingt-cinq ans à partir du 9 janvier 1838. — Capital, 2,500,000 fr.; actions de 1,000 fr. nominatives ou au porteur. Ces actions sont tombées plus bas que le quart de leur valeur nominale, (210 fr.)

Tourbières de France, 38, rue Vivienne. — Commandite Buffard et Cⁱᵉ. — Trente ans du 22 janvier 1853. — Capital 2 millions : actions de 100 fr.

Tourbières mécaniques de la Marne, Paris. — Commandite Napias et Cⁱᵉ. — 4 millions; actions de 100 fr.

Tourbières de Normandie, 37, rue Joubert. — Commandite Moutier et Cⁱᵉ. — trente ans du 15 novembre 1855. — Capital, 1 million, divisé en actions de 100 fr. au porteur, remboursables à 120 fr.

Mines de Blidah, 8, rue de Provence. — Commandite Fleury-Sauvage. — Quatre-vingt-dix-neuf ans à partir de juillet 1853. — Capital, 2,400,000 fr.; actions de de 100 fr. au porteur.

Mines de Chalanches et du Grand-Clos, 27, rue Louis-le-Grand. — Commandite Niodor et Ce. — Quatre-vingt-dix-neuf ans du 5 février 1853. — Capital, 1,500,000 fr. action de 250 fr. au porteur.

Mines de cuivre de Huelva (*Andalousie*), 40, rue Bergère. — Commandite Duclerc et Ce. — Quatre-tre-vingt-dix-neuf ans du 1ᵉʳ juillet 1855. — Fonds social composé de 30,000 actions de 2,000 fr., dont 2,000 seulement sont émises, — 7,000 actions de jouissance ont été ou seront délivrées aux souscripteurs des actions de capital.

Mines de Mouzaïa (*Algérie*), 10, rue Mogador. — Commandite Bœuf et Ce. — Durée jusqu'au 22 septembre 1943. — 6 millions; actions de 100 fr. au porteur, qui ont produit 3 à 4 fr. annuels, et ont cependant donné lieu à beaucoup de transactions. Leur cours a varié de 30 à 160 fr., et c'est une des valeurs industrielles les plus connues des joueurs de Bourse, on ne sait trop pourquoi.

Fonderie de Caronte, 13, rue de la Victoire. Commandite Luyt et Ce. — Capital, 7 millions; actions de 100 fr. au porteur.

Cette société est liée d'intérêts avec la précédente. Elle a pris à ferme l'exploitation des mines de Mouzaïa.

Zinc et plomb de la Nouvelle-Montagne. Société belge dont les actions de 1,000 fr. au porteur se négocient sur la place de Paris. Elles se sont vendues jusqu'à 1,400 fr. et ont produit des dividendes annuels de 100 fr.

Société de la Vieille Montagne. Autre société anonyme belge pour l'exploitation des mines de zinc. — Direction à Paris, 19, rue Richer. Capital, 9 millions: actions de 1,000 fr., divisées en coupons de 100 fr. au porteur. Elles ont rapporté jusqu'à 34 1/2 0/0 (en 1846), et leur cours s'est élevé jusqu'à 5,600 fr. Elles sont depuis redescendues aux environs de 4,000 fr.

Mines de St-Georges et de Lavincns, 12, rue de Ménars. — Commandite Durand et Ce. — Trente ans du 15 mars 1856. — 2 millions en actions de 100 fr. au porteur.

Salines de l'Est. Paris. Société anonyme pour quatre-vingt-dix-neuf ans, du 1er janvier 1826. — 10 millions en actions nominatives de 5,000 fr. Revenu fixe, 5 0/0 d'intérêt, (payés en avril), 2 0/0 de dividende (payés en octobre) : le surplus des bénéfices sert à l'amortissement des actions, qui sont remboursées au pair dans des tirages annuels, et remplacées par des actions dites de *jouissance*.

Salins du Midi, 15, place Vendôme. — Commandite

A. Renouard et C⁰ — Dix ans du 1er avril 1856. — 10 millions en actions de 500 fr. au porteur. 1,200 seulement sont émises en ce moment.

Intérêts payés au 31 décembre (5 0/0); dividendes payés le 30 juin.

Salines de Rozières et Varangeville. Siége à Nancy. — Société anonyme pour quatre-vingt-dix-neuf ans, du 15 mars 1855. — 800 parts ou actions, nominatives.

Mines métallifères d'entre Sambre et Meuse, 8, rue de Provence. Commandite de Kergorlay et C⁰. — Quatre-vingt-dix-neuf ans du 14 octobre 1853. — 5 millions en actions de 100 fr. — Compromise dans la faillite Leroy Chabrol en 1854, cette société a suspendu le payement de ses intérêts.

Mines et fonderies de San-Fernando (Espagne), 34, rue de la Sourdière. — Commandite de cinquante années, du 1er février 1853, au capital de 2,600,000 fr.; actions de 260 fr. qui rapportent environ 6 0/0.

Mines de plomb argentifère de Sentein et St-Lary, 23, rue Laffitte. — 2 millions en actions de 250 fr. au porteur.

Usines métallurgiques de Septèmes, 12, rue de Trévise. — Commandite Jacquinot et C⁰. 40,000 parts ou actions, portant 6 fr. d'intérêt payables le 1er octobre, et un dividende éventuel. Ces actions sont descendues au-dessous de 100 fr.

Zinc de la Silésie, société anonyme prussienne, représentée à Paris par la société du Crédit Mobilier, 15, place Vendôme. — 50,000 actions de 100 thalers (375 fr.) au porteur. Elles se sont élevées à 600 fr. et sont redescendues à 155 fr. dans l'espace de quatre ans.

Mines et fonderies de Stolberg, société prussienne

ayant à Paris sa succursale, 47, rue de Luxembourg. — Action de 375 fr., comme celles ci-dessus, qui se sont vendues 730 fr. en 1846 et sont descendues dix ans après à 470.

Mines de cuivre de Tenez, 8, rue de Provence. — Commandite H. Fleury et Ce. — Quatre-vingt-dix-neuf ans, du 1er janvier 1849. — 3 millions en actions de 500 fr., nominatives ou au porteur, au choix.

Par suite de la faillite Leroy-Chabrol, ces actions sont tombées à 30 fr. en 1855. Elles se sont relevées de 10 fr. l'année suivante.

Mines royales de Villefort, Vialas, etc., 33, rue Bonaparte. — 1,800 actions de 1,000 fr., nominatives ou au porteur.

Mines des Vosges, 10 bis, boulevard Bonne-Nouvelle. — Commandite Jonsart et Ce. — 15,000 actions de 100 fr. au porteur.

Forges et fonderies d'Aisne-et-Nord, 8, rue du Grand-Chantier. — 6,000 actions de 500 fr. au porteur.

Forges et fonderies d'Alais (Gard), 6, place de la Concorde. — Société anonyme créée en 1830 pour quatre-vingt-dix-neuf ans. — 1,800 parts ou actions, nominatives ou au porteur, au choix. Parties en 1852 du cours de 1,750 fr., elles atteignaient 3,200 fr. en 1856.

Hauts-Fourneaux de l'Alélick (Algérie), 47, rue de l'Université. — Société anonyme pour soixante ans du 8 septembre 1853. — Fonds social divisé en 4,800 parts ou actions au porteur.

Forges d'Audincourt (Doubs). — 900 parts ou actions nominatives.

Houillères et fonderies de l'Aveyron (Forges de Decazeville), 17, rue de Provence. — Société anonyme de quatre-vingt-dix-neuf ans à partir du 20 mars 1829. — 2,400 actions de 3,000 fr., nominatives. Elles ont valu plus de 6,000 fr. et sont redescendues aux environs de 4,500. Leur revenu en 1856 était de 350 fr.

Cette compagnie a émis plusieurs catégories d'obligations. Il y en a de 1,000 fr. à 4 1/2 0/0 ; de 500 fr. à 5 1/2 0/0 ; et, enfin, de 500 fr. à 6 0/0, toutes remboursables en cinquante ans au taux de 600 fr.

Forges de la Basse-Indre, 2, passage Violet. — Commandite Adrien Langlois et Ce. — 5,000 actions de 500 fr. Intérêts et dividendes payés les 1er avril et 1er octobre. Ces actions ont atteint 790 fr. en 1855.

Société Cail et Ce, 46, quai de Billy. — Commandite créée pour vingt ans, le 8 juin 1850. — 14,000 actions de 500 fr. au porteur. Elles ont valu 900 fr., et sont retombées entre 6 et 700.

Forges et fonderies de Châtillon et Commentry, 11, rue du Conservatoire. — Commandite Bougueret, Martenot et Ce. — Soixante-quinze ans du 1er juillet 1846. — 25 millions en actions de 500 fr. au porteur. Elles ont valu 1,100 fr. en 1854 et sont retombées depuis aux environs du pair.

Cette société a émis à deux reprises des obligations de 500 fr. au porteur, à 5 0/0, et remboursables à 625 fr. en vingt et un ans.

Acier Chenot, 99, rue Richelieu. — Commandite au capital de 125,000 f., qui subit en ce moment une transformation dont nous donnerons avis dans la prochaine édition.

Une société anonyme belge s'est aussi fondée en vue de l'exploitation de ce nouveau procédé pour fabriquer l'acier. Son capital est de 1 million, divisé en actions de 500 fr.

Christofle et Ce (argenture sur métaux), 52, rue de Bondy. — Commandite de trente ans, du 15 juillet 1845. — 2 millions en actions nominatives de 1,000 fr. Ces actions sont au-dessous du pair.

Forges et fonderies du Creuzot, 72, rue de Provence. — Commandite Schneider et Ce. — Cinquante ans du 1er mai 1853. — Cette société offre sur le marché de la Bourse des actions de 500 fr. au porteur, qui ont atteint le cours de 900 fr., et des obligations de 1,000 fr. à 5 0/0, remboursables en cinquante ans au taux de 1,250 fr.

Hauts-Fourneaux de Denain et Anzin. — Société anonyme de quatre-vingt-dix-neuf ans, à partir du 6 avril 1849. — 20,000 parts ou actions, nominatives ou au porteur.

Fers creux et étirés. — Commandite Gandillot et Ce. — 3,000 actions de 500 fr. au porteur. — Ces actions valent un peu plus de moitié de leur chiffre nominal.

Aciérie de Firminy (Loire). — Commandite Verdié et Ce. — 10,000 actions de 250 fr.

Galvanisation du Fer, rue d'Angoulême-du-Temple. — Commandite Carpentier et Ce. — 2 millions en actions de 500 fr. au porteur.

Herserange et Saint-Nicolas (mines, hauts-fourneaux et forges), 88, rue d'Hauteville. — 10 millions en actions de 250 fr. au porteur.

Forges et fonderies de l'Horme. — Société anonyme dont le fonds social est divisé en 10,000 parts ou actions nominatives qui ont valu plus de 1,000 fr. en 1853, et qui sont redescendues aux environs de 700.

Forges et fonderies de la Loire et de l'Ardèche. — Siége à Lyon. Société anonyme pour quatre-vingt-dix-neuf ans, du 13 novembre 1822, — 4,000 parts ou actions dont le revenu annuel oscille entre 4 et 500 fr., et qui ont valu au plus haut 5,500 fr.

Hauts-Fourneaux, forges et aciéries de la marine et des chemins de fer. Siége à Rive-de-Gier (Loire). — Commandite Gaudet, Jackson, Petin et Ce. — Cinquante ans, du 14 novembre 1854. — 54,000 parts ou actions valant de 5 à 600 fr., et dont les intérêts et d'videndes se payent en mars et en novembre.

Hauts-Fourneaux de Maubeuge. Siége à Valenciennes. — 6,000 parts ou actions nominatives ou au porteur. Elles valent 450 fr. environ.

Forges et chantiers de la Méditerranée. — Société anonyme pour trente ans, du 10 mai 1856. — 10,000 parts ou actions, nominatives ou au porteur, au choix du souscripteur.

Forges et fonderies de Montataire, 47, rue de la Victoire. — Société anonyme pour cinquante ans, du 1er juillet 1840. — 400 parts ou actions nominatives.

Usines de Nogent (coutellerie), 66, rue de Bondy. — 30,000 actions de 100 fr. au porteur.

Mines de Pontgibaud (plomb argentifère), 18, rue Bergère. — Société anonyme, quatre-vingt-dix-neuf ans du 20 février 1848. — 10,000 parts ou actions au porteur, valant 250 fr. en 1856. — Intérêts payables les 15 janvier et 15 juillet.

Mines et fonderies de Santander (Espagne). Siége à Paris. — Commandite Chauviteau et Ce. — 2 millions en actions de 500 fr. au porteur.

Compagnie métallurgique, Chaney, Chauffriat et Ce, 16, rue de Choiseul. — Quatre-vingt-dix-neuf ans, du 12 juillet 1856. — 20 millions en actions de 250 fr. au porteur.

Usines d'Uxemains et de Rasey (Vosges). — Commandite au capital de 600,000 fr. en actions de 500 fr. au porteur.

Société générale des asphaltes, 218, quai Jemmapes. Commandite Babonneau et Ce. — Dix ans, du 31 décembre 1855. — 4 millions, actions de 500 fr.

Société générale des bitumes et asphaltes, 6, rue Neuve-des-Mathurins. — Commandite Bock et Ce. — 3 millions en actions de 500 fr. au porteur.

Asphaltes de Bastennes (Landes). — Commandite Ledoux et Ce. — 1,200 actions de 1,000 fr. au porteur, vendues en 1856 au cours de 275 fr. — 200 obligations de 500 fr. à 6 0/0, remboursables à 550 fr.

Mines d'asphalte et de bitume de Bastennes Seyssel-Volant, etc., 68, faubourg Poissonnière. — Commandite Ledoux et Ce. — 1 million en actions de 100 fr. au porteur.

Société Chameroy et Ce (bitume), 162, faubourg Saint-Martin. — 1 million en actions de 500 fr., nominatives ou au porteur. Elles ont monté à 800 fr. en 1854, et se tiennent maintenant entre 700 et 750 fr.

Bitume Polonceau, rue de Castiglione. — 3 millions en actions de 500 fr. au porteur.

COMPAGNIES DIVERSES.

Compagnie de l'hôtel de Rivoli. — Société anonyme autorisée pour trente ans, du 9 décembre 1853. — 24 millions en actions de 100 fr. nominatives ou au porteur, au choix. Intérêt annuel de 5 0/0 et dividende éventuel.

Compagnie générale immobilière. — Commandite Millaud et Ce, 26, rue de la Chaussée-d'Antin. — Quatre-vingt-dix-neuf ans, du 1er novembre 1854. — Fonds social divisé en obligations de trois catégories :

1o Obligations de 500 fr. remboursables à 625 fr. en trente ans, par voie de tirage au sort et produisant 5 0/0; 2o Obligations de 900 fr. remboursables en trente ans à 1,250 fr. et produisant 50 fr d'intérêt: 3o Obligations de 250 fr., émises à 145 fr. au mois de mai 1856, et produisant 7 fr. 50 c. d'intérêt annuel.

Compagnie anglo-française des Champs-Élysées. — Commandite Arthur Verdier, 39, boulevard des Capucines. — 50 millions en actions de 100 fr.. produisant 5 0/0 d'intérêt, et remboursables à 125 fr. par tirages au sort. Après remboursement, elles se transforment en actions de jouissance.

Tout actionnaire qui a souscrit pour 25,000 fr. d'actions, peut être remboursé en propriété d'immeubles acquis par la société.

L'actionnaire peut également payer en actions de capital son loyer dans un immeuble de la société.

Compagnie des terrains de l'avenue de Neuilly. — Commandite J. Cantagrel et Ce, à Paris. — 4 millions en actions de 200 fr. au porteur, remboursables à 250 fr. et transformées ensuite en actions de jouissance.

Société territoriale de l'est de Paris. — Commandite Lebaude et Ce, 19 bis, rue de la Chaussée-d'Antin. — Vingt ans, du 4 avril 1856. — 5 millions en actions de 500 fr. au porteur.

Compagnie générale des Maisons mobiles. — Commandite Seiler et Ce, 5, rue de Flandres, à la Villette. — Trente ans, du 24 mars 1856. — 10 millions en actions de 100 fr. au porteur. 5 0/0 d'intérêt, dividende éventuel.

Palais de l'Industrie. — Société anonyme autorisée le 20 octobre 1852, et qui devait durer trente-cinq ans. — Capital, 13 millions en actions de 100 fr. au porteur, produisant 4 0/0 d'intérêt garanti par l'État, avec dividende éventuel que la situation de cette entreprise a réduit à zéro.

L'État a racheté ces actions, au taux de sa garantie d'intérêt : il les rembourse en rentes 3 0/0, sur le pied de 80 fr. par action.

Société des Deux-Cirques (cirque Napoléon et cirque de l'Impératrice). — Commandite Dejean fils et Cᵉ, 19, avenue d'Antin. — Quarante ans du 1er janvier 1839. — 2,200,000 fr. en actions de 400 fr. au porteur.

Société de l'Hippodrome. — Commandite Arnault et Cᵉ, à Passy. — Douze ans du 1er avril 1856. — 1,200,000 fr. en actions de 100 fr. au porteur.

Compagnie foncière du Raincy. — Commandite Bigard, Fabre et Cᵉ, à Paris. — Six ans du 15 juin 1855. — 3 millions en actions de 100 fr. au porteur, qui peuvent être remboursées en terrains appartenant à la Société.

Compagnie de la rue Impériale de Lyon. — Siége à Lyon. — Société anonyme de cinquante années, à partir du 3 juillet 1854. — 14,000 actions de 500 fr. au porteur.

Compagnie des pont, gare et port de Grenelle. — Société anonyme ayant son siége, 114, rue Saint-Honoré. — 7 millions en actions de 1,000 fr., nominatives ou au porteur. Intérêts à 5 0/0, et remboursement de l'action de capital par fractions de 50 fr.

Ponts d'Asnières et d'Argenteuil. — Société anonyme de quatre-vingt-dix-neuf ans, du 27 mars 1831. — 1,200,000 fr. en actions de 1,000 fr., nominatives ou au porteur.

Pont de Bercy. — Société civile durant jusqu'au 1er novembre 1860. — 750,000 fr. en actions de 500 fr. au porteur, représentées par deux titres : l'action financière, qui produit 4 0/0 payables les 1er mai et 1er novembre, et l'action de jouissance, qui donne droit aux dividendes.

Pont d'Ivry. — Société anonyme devant durer jusqu'au 13 février 1950. — 1,235 parts ou actions nominatives ou au porteur.

Compagnie des anciens ponts réunis (24 ponts départementaux). — Commandite Bayard de la Vingtrie et Ce, 29, rue Saint-Guillaume. — 3 millions en actions de 1,000 fr., nominatives ou au porteur.

Compagnie des nouveaux ponts réunis (13 ponts départementaux). — Même raison sociale et siége que la précédente. — 4 millions divisés comme ci-dessus.

Société des Ports de Marseille. — Commandite J. Mirès et Ce, 99, rue de Richelieu. — Fonds social divisé en 100,000 actions de 150 fr., nominatives ou au porteur, au choix.

Cette société a autorisé l'émission facultative de 10 millions d'obligations portant intérêt à 5 0/0.

Docks et chemin de fer de Saint-Ouen. — Société anonyme dont le fonds social est divisé en 20,000 actions nominatives ou au porteur, au choix, remboursables à 500 fr. par des tirages au sort dont l'époque sera ultérieurement fixée.

Docks-Entrepôts du Havre. — Société anonyme ayant son siége à Paris. — Fonds social, 8,000 parts ou actions nominatives, au porteur.

Docks Napoléon. — Société en liquidation par suite du procès intenté à ses fondateurs MM. Cusin, Legendre et Duchêne de Vère, en mai et juin 1857.

Compagnie générale des Eaux. — Société anonyme fondée pour quatre-vingt-dix-neuf ans, le 14 décembre 1853. — Siége à Paris. — 20 millions en actions de 250 fr. au porteur. Intérêt de 4 0/0 payé en janvier et juillet. Dividende éventuel.

Cette compagnie est déjà chargée de la distribution des eaux dans les villes de Lyon et de Nantes.

On sait qu'à Paris c'est l'administration municipale qui monopolise ce service public.

Compagnie des eaux d'Auteuil et de Neuilly. — Commandite F. Garnier et Ce, 61, rue des Saints-Pères. — 2 millions en actions de 250 fr. au porteur. Intérêts et dividendes payés en avril et octobre.

Cette société distribue l'eau dans les communes des environs de Paris.

Compagnie de l'eau de Seine purifiée et des eaux gazeuses. — Commandite Jenesson et Ce, 24, quai des Célestins. — Trente ans, du 15 janvier 1855. — 700,000 fr. en actions de 100 fr. au porteur.

Compagnie des eaux de Calais et Saint-Pierre-lès-Calais. — Commandite Girard et compagnie, — 27, rue Laffitte. — Cinquante ans du 30 juin 1854. — 1,750,000 fr. divisés en actions de 100 fr. au porteur. — Intérêt de 5 0/0 payable en septembre.

Compagnie Parisienne d'éclairage et de chauffage par le gaz, 1, rue Saint-Georges — Société anonyme créée pour cinquante ans, le 22 décembre 1855, et qui a absorbé la majeure partie des Sociétés d'éclairage au gaz de Paris et de la banlieue. — Fonds social divisé en 110,000 parts ou actions, qui seront remboursées à partir de **1864**, à un taux qui ne pourra excéder **500** fr., et remplacées successivement par des actions de jouissance.

Ces actions ont dépassé le cours de **800** fr. en **1856**, et sont redescendues depuis au-dessous de **700**.

Société d'éclairage au gaz et des hauts-fourneaux et fonderies de Marseille. — Commandite J. Mirès et Ce, — **99**, rue Richelieu. — Fonds social divisé en **24,000** parts ou actions au porteur.

L'*Union des gaz.* — Commandite Omer Salmon et Ce, **28**, rue Grange-Batelière. — Trente ans du **1er** décembre **1854**. — Cette société, fondée pour la fabrication du gaz à la houille, la production du coke, et l'éclairage au gaz des villes de province, a porté son capital à **20** millions, divisés en actions de **250** fr. au porteur. — Intérêts et dividendes payés en janvier et juillet.

Compagnie centrale d'éclairage au gaz.—Commandite Lebon père, fils et Ce, **110**, rue de Richelieu. — Quatre-vingt-dix-neuf ans du **23** mars **1847**.— Capital, **2** millions et demi ; actions de **500** fr. au porteur. — Intérêts et dividendes payables en janvier et juillet — Valeurs au-dessous du pair.

L'*Alliance.*—Commandite Berlioz et Ce, **66**, rue de la Victoire. — Fondée pour soixante ans, à partir du **31** octobre **1853**, cette Société a pour but l'éclairage et le chauffage au gaz. — Capital, **25** millions ; actions de **50** fr.

Compagnie d'éclairage par le gaz de la ville de Versailles. — Commandite Ch. Gosselin et Ce, **30**, rue Jacob. — Cinquante ans du **20** juin **1839**. — **600,000** fr. divisés en actions de **500** fr. au porteur.

Compagnie des cinq usines à gaz du Nord (Valen-

ciennes, Cambrai, Arras, Saint-Omer et Dunkerque).
— Commandite Dehaynin père et fils, 190, faubourg
Saint-Martin. — Cinquante ans du 1er novembre 1845.
— Capital, 4,400,000 fr.; actions de 500 fr. au porteur.
— Intérêts et dividendes payés le 15 septembre.

Compagnie d'éclairage minéral de l'Allier. — Commandite Sauvage et Ce, 30, rue Dauphine. — 700,000 fr.
en actions de 25 fr. au porteur.

Compagnie départementale d'éclairage au gaz. —
Commandite Salles et Ce, 45, rue des Fossés Saint-
Victor. — 1 million en actions de 100 fr. au porteur.

Lin Maberly (Ce de la filature de lin d'Amiens), 14,
rue de la Chaussée-d'Antin. — Société anonyme constituée pour cinquante ans, du 11 juin 1838. — 4 millions
en actions de 500 fr., nominatives ou au porteur, au
choix du souscripteur. La Société perçoit 2 fr. à chaque
mutation de titre.

Dividendes payés en septembre.

Cette valeur industrielle est une des plus connues à
la Bourse. Elle est descendue à 310 fr. en 1841, et s'est
élevée à 920 en 1853.

Compagnie linière de Pont-Remy (Somme). — Société anonyme fondée pour trente ans, du 25 février
1854. — Siége à Paris. — Fonds social divisé en 5,000
parts ou actions au porteur.

Comptoir de l'Industrie linière. — Commandite Cohin et Ce, 11, rue des Bourdonnais. — Vingt-cinq ans
du 1er juillet 1846. — 20 millions en actions de 500 fr.
au porteur. Intérêt fixe de 5 0/0 et dividende éventuel
(50 0/0 sur les bénéfices). Amortissement des actions
par un tirage au sort chaque année, et remplacement
desdites par des actions de jouissance. — Valeur au-
dessus du pair.

Compagnie des manufactures d'Aubusson et de Fel-

letin. — Commandite Sallandrouze de Lamornaix et Ce. — 30 ans du 19 mai 1856. — 6 millions en actions de 250 fr. au porteur.

Filature et tissage d'Ourscamp (Oise). — Société anonyme créée pour vingt-cinq ans, du 10 septembre 1844. — Siége à Paris. — 78 actions nominatives de 10,897 fr. 45 c. chaque.

Filature de la Bresse. — Commandite R. de Brémont et Ce, 29, rue de Proven e. — Trente ans du 15 juillet 1855. — Fonds social divisé en 15,000 parts ou actions de 100 fr. au porteur.

Manufacture de glaces de Saint-Gobain (Aisne), bureaux, 313, rue Saint-Denis. — Société anonyme créée pour cinquante ans, du 17 février 1830. — 8,064,000 fr. répartis en 1,152 actions nominatives. Le revenu de ces actions se maintient depuis 1852 entre 1,500 et 1,700 fr. Elles ont varié de 25 à 33,000 fr., et l'on comprend qu'à ce taux elles donnent lieu à peu de transactions en Bourse.

Verrerie et cristallerie de Baccarat (Meurthe). — Société anonyme fondée pour quarante ans, du 1er janvier 1845. — 2 millions répartis en 100 actions nominatives de 20,000 fr. chacune.

Les mutations de valeurs aussi considérables ne s'opèrent guère à la Bourse : elles vont à l'étude du notaire.

Glaces et verrerie de Montluçon (Allier). — Commandite F. Berlioz et Ce, 20-22, rue de la Douane. — Quarante ans, du 18 février 1846. — 12 millions, divisés en actions de 500 fr. au porteur.

Cette société exploite aussi une usine de produits chimiques établie aux environs de Paris, et où sont appliqués les procédés de M. Fouché-Lepelletier.

Compagnie des glaces d'Aix-la-Chapelle. — Société anonyme prussienne ayant ses bureaux à Paris, 47, rue de Luxembourg. — 7 millions et demi : actions de 375 fr. (100 thalers) au porteur.

Compagnie générale des verreries de France et de l'étranger. — Commandite Baron et Ce, 28, rue Grange-Batelière. — 2 millions et demi en actions de 100 fr. au porteur.

Manufactures de glaces et verres de Saint-Quirin, Cirey et Monthermé. — Société anonyme d'une durée de cinquante ans, du 1er décembre 1840. — Fonds social divisé en 960 parts ou actions nominatives.

Société générale de stéarinerie. — Commandite Moinier, Bouillon et Ce, 13, rue de Marseille, à la Villette. — Trente ans, du 16 novembre 1855 — 6 millions en actions de 100 fr. au porteur. — Valeur au-dessous du pair.

Société générale des manufactures de Javel et de Sèrres (produits chimiques). — Commandite F.-S. de Sussex et Ce, 45, rue de Provence. — Trente ans du 8 novembre 1852. — 3 millions en actions de 500 fr. au porteur.

Moulins Packam (Société des). — Commandite Packam, Derambure, Mainguet et Ce, 19, rue de Choiseul. — 1 million en actions de 500 fr. au porteur.

De 1852 a 1856, ces actions ont monté de 600 à 1,215 fr.

Lits militaires (Compagnie des) — Commandite Chambry et Ce, 26, rue du Bouloi — Quinze ans du 1er avril 1842. — 11,000 obligations de 1,000 fr., produisant 5 0/0 annuels, et remboursables au pair par des tirages semestriels (1er avril et 1er octobre) qui dureront jusqu'en 1860. Les actionnaires du fonds social, 2 millions, ont seuls droit aux bénéfices ultérieurs. — On ne cote à la Bourse que les obligations.

Caoutchouc durci (Société générale du). — Commandite Rousseau et Ce, 10, rue Drouot. — Quinze ans du 18 novembre 1854. — 5 millions, divisés en deux séries d'actions : la première de 100 fr., la seconde de 500 fr., toutes deux au porteur, et les premières pouvant se convertir en actions de 500 fr.

Dividendes payés le 1er avril.

Caoutchouc souple (Compagnie nationale du). — Commandite Hutchinson, Henderson et Ce, 62, rue de Paradis-Poissonnière. — Vingt ans du 1er février 1855. — 5 millions en actions de 100 fr.

Dividendes payés au 31 mars.

Colocirtum (Compagnie générale de peinture au). — Commandite Carpentras et Ce, 122, rue de Rivoli. — Durée jusqu'au 1er mai 1871. — 1 million et demi en actions de 100 fr. au porteur.

Compagnie de dessication et de compression des substances alimentaires. — Commandite Chollet et Ce, 46, rue Richer. — Trente ans du 1er juillet 1855. — 4 millions en actions de 100 fr. au porteur. — Dividendes en janvier et juillet.

Imprimerie Dubuisson et Ce. — Commandite pour dix ans, jusqu'au 1er juillet 1863. — Siége, rue Coq-Héron, no 5. — 500,000 fr. en actions de 100 fr. au porteur.

Dividende actuel, 8 0/0 annuels, payables en janvier et juillet.

Compagnie des journaux réunis (Constitutionnel et Pays). — Commandite Mirès et Ce. — Soixante ans du 15 novembre 1852. — 3 millions en actions nominatives de 500 fr. — Intérêts à 5 0/0; dividendes éventuels.

Le Droit, journal des Tribunaux. — Commandite

A. François et Ce, 24, place Dauphine. — Vingt ans du 4 décembre 1837. — 108 actions nominatives de 2,500 fr. Dividendes en février et août. Ils ont dépassé 20 0/0 en 1855, et les actions ont monté en 1856 à 4,500 fr.

Société des quatre Journaux (l'*Estafette*, l'*Écho du Commerce*, le *Moniteur de l'Agriculture* et la *Mercuriale des halles et marchés*). — Commandite A. Dumont et Ce, rue Coq-Héron, 5. — 20,000 parts d'intérêt nominatives ou au porteur.

La Patrie, journal du soir. — Commandite Garat et Ce, 12, rue du Croissant. — Durée jusqu'au 31 décembre 1876. — 1,100,000 fr. en actions nominatives de 500 fr.

La Presse, journal du soir. — Commandite H. Rouy et Ce, 123, rue Montmartre. — Durée jusqu'au 31 décembre 1870. — 100 parts d'intérêt nominatives, et transmissibles par acte notarié.

Le Siècle (Société du journal). — Commandite Lehodey et Ce, 16, rue du Croissant. — Durée jusqu'au 30 juin 1876. — 600,000 fr. en actions de 200 fr. nominatives ou au porteur, au choix. 6 0/0 d'intérêt, dividende éventuel.

Papeterie d'Essonne (Seine-et-Oise). — Société anonyme fondée pour soixante ans, du 1er janvier 1855, 8, rue Vivienne. — 4,000 parts ou actions, nominatives ou au porteur, au choix. — Elles rapportent en moyenne 80 fr., et valent de 1,100 à 1,150 fr.

Papeterie d'Echarcon (Seine-et-Oise). — Société anonyme fondée pour trente-cinq ans, du 23 août 1844. Siége à Paris, 5, place des Victoires. — 800 actions nominatives de 1,000 fr., toujours tenues au pair

Papeterie du Marais et de Sainte-Marie (Seine-et-

Marne). — Société anonyme devant finir le **16 mars 1858**. — **1,800,000** fr. en actions de **1,000** fr., nominatives ou au porteur, au choix. Intérêt à 3 0/0, dividendes distribués les 20 janvier et 1er juillet.

Papeterie du Souche (Vosges), 17, rue Guénégaud. — Société anonyme fondée pour quarante ans, du **25 mai 1841**. — **1,100,000** fr. en actions nominatives de **1,000** fr. Intérêt à 6 0/0, dividendes éventuels payés en mai et novembre.

Compagnie générale des Omnibus. — Société anonyme créée pour durer jusqu'au **31 mai 1884**. Siége à **Paris**. — **24,000** parts ou actions, nominatives ou au porteur, qui se sont vendues entre 7 et 900 fr.

Cette société a émis, en outre, **8,000** obligations de **500** fr. portant intérêt à 5 0/0 et amortissables au pair.

Compagnie Impériale des voitures de Paris. — Commandite Ducoux et Ce, **130**, rue Saint-Honoré. — Soixante ans du mois de mai **1855**. — **40** millions en actions de **100** fr. au porteur, remboursables à **125** fr. par des tirages au sort ayant lieu chaque année, et remplacées par des titres donnant droit au second dividende annuel seulement.

Société des omnibus de chemins de fer. — Commandite Moreau, Chaslon et Ce, **6**, rue de Beaune. — **960,000** fr. en actions de **300** fr. au porteur.

Omnibus de Londres. — Commandite française, Mac-Namara, Carteret, Willing et Ce, **14**, rue Vivienne. — Soixante ans du 4 décembre **1855**. — **25** millions en actions de **100** fr. au porteur. Intérêt de 5 0/0 et dividende éventuel.

Messageries Impériales. — Société anonyme autorisée jusqu'au 31 décembre **1867**, **28**, rue Notre-Dame-des-Victoires. — 2 millions et demi divisés en actions de 10,000 fr. dites *entières*, et en demi-actions de 5,000 fr., toutes nominatives.

Les actions entières sont vendues, depuis longtemps au taux de 40,000 fr.

Messageries générales de France. — Commandite Caillard et Ce, 130, rue Saint-Honoré. — En liquidation. — 4,717 actions, originairement de 1,000 fr., et qui vont être remboursées successivement, avec perte d'environ 60 0/0.

Gondoles parisiennes — Commandite Maluste et Ce, 24, rue du Bouloi. — Durée jusqu'au 1er octobre 1860. — 1 million et demi en actions nominatives de 100 fr.

Compagnie du Télégraphe sous-marin entre la France et l'Angleterre. — Commandite Carmichael et Ce, 83, rue Richelieu. — Dix ans, du 1er juillet 1852. — 2 millions et demi en actions de 25 fr. au porteur.

Compagnie du Télégraphe électrique méditerranéen. — Commandite J. W. Brett et Ce, 85, rue Richelieu. — 7 millions et demi en actions de 250 fr. au porteur.

Vidange atmosphérique perfectionnée (Ce de). — Commandite de Ponthieu et Ce, 7, rue Marivaux. — Quinze ans, du 1er septembre 1854. — 6 millions en actions de 100 fr. au porteur.

Vidanges inodores (Entreprise générale de). — Commandite Richer et Ce, 4, boulevard Montmartre. — Durée jusqu'au 31 décembre 1896. — 6 millions en actions de 500 fr. au porteur. Le sixième de ces actions a été divisé en 4,000 coupons de 250 fr., et émises sous le nom d'*actions de propriétaires.*

Cette compagnie a sur le marché 28,000 obligations de 25 fr. produisant 5 0/0 annuels et remboursables par tirages successifs jusqu'en 1864.

DEUXIÈME PARTIE

THÉORIE ET PRATIQUE DE LA SPÉCULATION.

Toutes les *valeurs* (on nomme ainsi les titres sur lesquels repose la propriété des placements divers que nous venons d'énumérer) sont à la Bourse l'objet de transactions analogues à celles qui s'opèrent sur les marchandises. A côté du petit capitaliste qui vient chercher là un emploi sérieux et durable de son argent, en achetant des rentes, des obligations ou des actions, qu'il conservera en portefeuille et dont il ira toucher religieusement les arrérages ou les dividendes, on trouve une foule de gens qui achètent pour revendre à des intervalles plus ou moins rapprochés, quelquefois du jour au lendemain, et même, on le dit, à quelques heures de distance. C'est cette rapidité d'évolutions qui donne à la spéculation tous les caractères du jeu, avec ses chances hasardeuses, ses dangers et son immoralité. S'il est vrai qu'acheter pour revendre soit la loi du commerce, au moins peut-on voir souvent dans cet acte un service rendu, qui consiste à mettre le produit acheté à la portée du consommateur, et à le diviser selon ses besoins, tandis que rien de semblable ne se fait sentir sur le marché des fonds publics.

La spéculation repose en principe, comme le commerce, sur les fluctuations de l'offre et de la demande ;

mais elle cherche toujours (et elle y réussit souvent) à profiter de la *baisse*, c'est-à-dire du grand nombre d'offres, pour acheter, de même qu'elle saisit le moment de la hausse, ou du grand nombre de demandes, pour revendre avec bénéfice. Et comme elle a besoin que ses achats et ses reventes se renouvellent le plus possible dans le plus court espace de temps, il n'est pas de manœuvres qu'elle ne mette en jeu pour que la hausse et la baisse exécutent un mouvement continu de bascule. De sorte que la plupart des marchés de Bourse mettent en présence un habile et un imbécile : — dans les moments de baisse, un vendeur qui prend la panique sans savoir pourquoi, et un acheteur qui voit plus clair et pense avec raison que la baisse ne durera pas éternellement ; — dans les moments de hausse, un acheteur gobe-mouche qui veut absolument acheter parce que tout le monde achète, vrai mouton de Panurge qui saute à la suite des autres, et un vendeur aigrefin qui sait bien que la hausse a toujours son terme, et que ce terme approche. Mais le fin comme l'imbécile sont deux spéculateurs : tous deux cherchent, non pas un placement définitif pour leurs capitaux, mais un emploi de quelques heures ou de quelques jours qui leur procure un intérêt usuraire. Cet intérêt, l'un des deux l'empoche, l'autre le paye. — Et s'il nous paraît juste de montrer au doigt celui qui empoche, on nous permettra en même temps de ne pas plaindre l'autre.

Les marchés sérieux et véritablement utiles de la Bourse sont excessivement rares : ils ne se produisent que dans les cas où un propriétaire de titres a besoin de faire de l'argent pour une entreprise, un achat, une affaire quelconque, et qu'il rencontre à son tour, par l'intermédiaire de l'agent de change, une personne qui a de l'argent à placer par suite de réalisations, fin de commerce, d'entreprise, etc. Ces marchés se font presque toujours au *comptant*, c'est-à-dire que l'un vend, et que l'autre achète, au cours du jour, des titres qui seront *livrés* le lendemain, ou quelques jours après, à l'acquéreur. Ces marchés sérieux et au comptant se réalisent pour des sommes de toute importance, depuis 5 francs de rente, depuis une action ou une obligation, jusqu'à des quantités et des chiffres très considérables des unes ou des autres de ces valeurs.

Mais le *marché à terme*, c'est-à-dire celui où le vendeur ne doit *livrer* les titres qu'à une époque plus ou moins éloignée, ou dans lequel c'est l'acheteur qui ne veut pas *lever* immédiatement, prend tellement les caractères du jeu, que, sous prétexte de faciliter les *liquidations* (1), mais en réalité pour écarter de ces opérations dangereuses les petits capitalistes, la chambre syndicale des agents de change a décidé qu'on ne pourrait vendre ou acheter, *à terme*, que les quantités suivantes (ou davantage) des principales valeurs de la spéculation :

Du 3 0/0 : 1,500 francs de rente.
Du 4   2,000   Id.
Du 4 1/2   2,250   Id.

25 actions ou obligations des chemins de fer et autres Compagnies.

Et comme les agents de change sont responsables de l'exécution des ventes ou des achats qu'ils effectuent, il s'ensuit qu'ils n'entament d'opérations pour un spéculateur qu'autant qu'ils le savent assez riche pour solder, par exemple, 1,500 fr. de rente 3 0/0, au cours, assez ordinaire, de 70, c'est à dire une somme de 35,000 fr. S'il s'agit d'un achat de 25 actions du chemin de fer d'Orléans, supposées au cours de 1,530 fr.

(1) Règlements de compte de chaque quinzaine ou de chaque mois entre les acheteurs et les vendeurs.

l'une, l'acheteur peut avoir une somme de 33,250 fr. à débourser, pour laquelle les courtiers doivent exiger des garanties. On voit donc que la mesure en question préserve des entraînements du jeu une foule de gens qui s'y jetteraient très certainement.

D'un autre côté, sans l'existence des marchés à terme, la corporation des agents de change n'aurait pas à faire le vingtième des transactions dont elle est aujourd'hui l'intermédiaire. Nous avons dit dans la première partie de cet ouvrage que les titres au porteur pouvaient se transmettre de la main à la main commé le billet de banque, sans formalités ni endos. Or, comme un très grand nombre de valeurs ont pris cette forme, et que la rente elle-même la revêt à la volonté de son propriétaire, on ne se sert de l'agent de change, surtout quand il s'agit de vendre ou d'acheter au comptant des titres au porteur, que comme intermédiaire utile, non obligé, et dans le cas seulement où l'on n'aurait pas trouvé soi-même un acheteur ou un vendeur.

Avant d'entrer dans de plus grands développements sur la nature des opérations de la spéculation, nous allons indiquer sommairement le minimum des droits de courtage prélevés par les agents de change. Ces chiffres ont leur importance dans les marchés, parce qu'ils viennent naturellement en déduction des bénéfices réalisés sur les opérations :

Pour les rentes françaises,
— les bons du Trésor,
— les actions de la Banque,
—   —   du Crédit mobilier,
—   —   du Crédit foncier,
— les obligations de la Ville de Paris (emprunts),
—   —   des villes et des départements,
— les actions et obligations des chemins de fer,

Et pour les fonds publics étrangers, sauf les exceptions ci-dessous,

les agents de change prélèvent 1/8 0/0 (12 c. 1/2 par 100 fr.) du capital. Pour les marchés à terme, qui sont ordinairement très-importants, ce *minimum* peut être réduit, quand il s'agit de rentes et d'actions de la Banque. En effet, vingt-cinq actions de la Banque (on ne peut en acheter ou en vendre moins à terme) coûtant à peu près 100,000 fr., le courtage de l'agent de change, à 1/8 0/0, s'élèverait à 125 fr., ce qui est un peu cher pour une simple opération de transfert. Ce courtage est réduit dans la pratique à 2 fr. par action, ce qui est déjà bien raisonnable. Les auteurs qui ont écrit sur la matière prétendent que les soixante agents de change de Paris prélèvent chaque année 80 millions de courtages : ce chiffre dit éloquemment combien sont peu sérieux les marchés de Bourse, et à qui ils profitent en définitive.

Quelques valeurs entraînent 1/4 0/0 de droits de courtage. Ce sont :

Les fonds espagnols de toute nature ;

L'emprunt d'Haïti ;

Les lots d'Autriche ;

Les actions de jouissance et billets de prime des canaux ;

Les actions de la plus grande partie des sociétés particulières, etc., etc.

Si le droit de courtage à 1/8 0/0 sur les actions de chemin de fer ne s'élève pas à 50 c. par action, l'agent de change a le droit de compter 50 c. Sur les actions de 200 fr. et au-dessous, il prélève 1/4 0/0.

Les valeurs non entièrement libérées (sur lesquelles on n'a payé que des à-comptes) comptent pour le courtage comme si elles étaient entièrement payées.

Les *courtiers marrons*, les *coulissiers*, qui sont des

agents de change non reconnus, mais très tolérés, ont l'habitude de ne prendre que moitié des courtages indiqués ci-dessus.

Après ces préliminaires indispensables, nous abordons les explications sur la nature des opérations de la spéculation.

Ces opérations sont de deux natures : *au comptant* et *à terme*. Nous avons déjà dit quelques mots de la première : elle embrasse presque entièrement les ventes et les achats sérieux ; elle *classe* les titres, comme on dit ; elle les retire du marché pour les serrer dans le portefeuille de celui qui en fait un placement. Rien n'est plus simple que cette opération : celui qui veut caser ainsi son argent choisit un moment de baisse, où les titres sont peu recherchés, afin de payer moins cher : il donne un ordre écrit à un agent de change, et lui dépose les fonds présumés nécessaires pour son achat, ou s'engage, s'il est notoirement solvable, à les lui verser contre livraison des titres. A la Bourse de ce jour même, l'agent de change, réuni au parquet avec ses collègues, demande ou attend qu'un confrère lui propose les valeurs demandées : lorsqu'il a trouvé, vendeur et acheteur inscrivent l'opération sur leur carnet, et en donnent communication au *crieur*, qui annonce sur-le-champ la nature de la vente et son prix, sans nommer jamais les parties. L'agent vendeur et l'agent acheteur gardent également le secret sur les noms de leurs clients. Le soir même, ceux-ci reçoivent de leurs agents de change respectifs l'avis de l'achat et de la vente, avec l'indication du taux auquel elle a été faite. Après la Bourse du lendemain, s'il s'agit de titres au porteur, l'acheteur prend livraison chez son agent de change, et paye ou complète le prix. Le vendeur touche en même temps ses fonds chez son intermédiaire, lequel fera compte de ce payement à son collègue lors de la liquidation ou du règlement de comptes, qui a lieu à partir du 15 ou de la fin de chaque mois pour les chemins de fer, et à la fin de chaque mois seulement pour la rente. S'il s'agit de titres de rente nominatifs, la formalité du transfert entraîne un délai de six jours francs (non compris les jours fériés): le vendeur doit signer ou faire signer par un fondé de pouvoir une déclaration de transfert, qui est certifiée par l'agent de change et transmise par lui avec les noms, prénoms, qualités et domicile de l'acheteur, au bureau que le ministre des finances a établi à cet effet à l'intérieur de la Bourse. Ce bureau fait dresser un nouveau titre nominatif qui est remis à l'acheteur.

Les acheteurs et vendeurs au comptant se plaignent généralement de deux choses que la nature de ce livre nous fait un devoir de consigner ici. La première est l'habitude contractée par les agents de change, contrairement à la loi et aux usages, de ne délivrer aucun reçu des valeurs qu'on leur remet pour vendre ou des sommes qu'on leur confie pour achats. Mais si leur probité est à l'abri du soupçon, leurs employés ont, en outre, toujours soin d'inscrire les affaires sur un carnet, sous les yeux de celui qui verse les fonds. La seconde se rapporte aux taux de vente ou d'achat des titres. On a cru voir que l'agent de change vendeur a toujours vendu au plus bas cours du jour, et que son collègue acheteur a toujours acheté au plus haut, contrairement aux intérêts de leurs mandants, qui les accusent bel et bien de profiter de la différence. Voici, pour nous faire mieux comprendre, un exemple de ce qui se passerait. M. X... donne à son agent de change l'ordre de lui acheter, au mieux de ses intérêts, à la Bourse d'aujourd'hui, 1,500 fr. de rente 3 0/0. D'un autre côté, M. A... a chargé un autre agent de change de lui vendre pareille quantité de même rente, également au mieux de ses intérêts, dans le cours de la même Bourse. Or, ce jour-là, la rente débute à 69 fr. 70 c.; par exemple, puis de 5 c. en 5 c., elle atteint le chiffre de 70 fr. Il est plus que probable, disent les mauvaises langues, que M. A... n'aura pas trouvé à vendre au-dessus de 69 fr. 70 c., et qu'en même temps M. X... aura acheté sur le pied de 70 fr. Si le fait est vrai et possible, il est un moyen de n'en être pas victime, c'est de donner ordre d'acheter *au cours moyen*. Il n'y a pas d'erreur à craindre de cette manière : le cours le plus bas étant 69 fr. 70 c. et le plus haut 70 fr., on a 30 c. d'écart, dont on ajoute la moitié au plus bas cours pour faire le cours moyen. A ce compte, MM. A... et X... auront chacun acheté et vendu à 69 fr. 85 c.

Les ventes et achats au cours moyen se font avant la Bourse, dans le cabinet des agents de change, qui conviennent des marchés et s'en rapportent à la cote du jour pour en fixer le prix.

Le marché du comptant est trop simple et trop facile à comprendre pour que nous nous y appesantissions davantage. Nous aborderons donc les complications bien autrement variées des *marchés à terme*, qui constituent l'essence de la spéculation. Le marché à terme, comme son nom l'indique, est fait pour une époque déterminée, qui peut varier de quelques jours à deux mois. Chaque jour on peut acheter ou vendre des titres de rente livrables le dernier jour du mois; c'est ce qu'indiquent les tableaux de Bourse sous le nom de *fin courant*. Il se fait aussi quelques opérations fin du mois suivant. C'est la plus longue échéance permise par la loi. Pour les actions et obligations de chemins de fer, on vend et achète pour le 15 du mois, ou la fin du mois. Ce terme, du reste, n'a rien d'absolu pour l'acheteur, car il a toujours le droit d'es-

compter, comme on dit, son vendeur, c'est-à-dire de le forcer à livrer ses titres avant l'échéance, mais toujours au prix fixé lors du marché, de façon que si l'un s'exécute plus tôt pour la délivrance des valeurs, l'autre est également obligé de solder l'achat avant l'époque qu'il avait fixée, ce qui établit une sorte de compensation. Mais, nous le répétons, ce droit d'escompter n'appartient qu'à l'acheteur; le vendeur ne peut forcer ni devancer l'époque de la livraison.

Nous devons encore expliquer qu'il existe deux sortes de marchés à terme : le marché *ferme* et le marché *libre*, ou *à primes*. Dans le marché ferme, vendeur et acheteur prennent l'obligation, l'un de livrer, l'autre de prendre livraison au prix fixé par le marché, quelque désavantageux que puisse être, pour l'une des parties, le résultat de l'opération.

Le marché *libre* permet à l'acheteur de se refuser à prendre livraison, et de résilier l'opération, si elle le constitue en perte. Mais en échange, il abandonne au vendeur la *prime* (ou à-compte) qu'il lui a versée au moment même de la conclusion de ce marché libre.

Nous retrouverons plus loin l'occasion de revenir avec détails sur ces combinaisons de la spéculation : nous allons expliquer préalablement ce qui se passe dans le marché à terme *ferme*, en procédant par des exemples :

Nous sommes au 18 juin. Je n'ai pas en ce moment de fonds disponibles, mais j'attends une rentrée importante pour la fin du mois. Je veux placer cet argent en actions du chemin de fer du Nord. Elles valaient, à la Bourse d'hier, 1,030 fr., au comptant et *fin de mois* 1,035 fr. (1). Je pourrais atten-

(1) Presque toujours le cours d'une valeur est plus élevé à terme qu'au comptant, à mesure qu'on approche des époques de *jouissance*, où l'on détache les coupons pour recevoir les intérêts ou di-

dre ma rentrée de fonds pour acheter mes 25 actions du Nord au comptant lorsque j'aurai mon argent en mains ; mais je crois que la hausse continuera sur le Nord, et que ce qui s'est vendu hier fin du mois, 1,035 fr. vaudra peut-être ce jour-là au comptant 1,055 fr.; j'ai donc ou je crois avoir intérêt à acheter maintenant, et comme je ne toucherai mon argent qu'à la fin de juin, je donne ordre à mon agent de change, ou au coulissier, de m'acheter, fin courant, 25 actions du Nord au cours moyen. Le soir même ou le lendemain matin, je reçois avis que mon achat est effectué au taux de 1,038 fr. La hausse a continué et confirmé mes prévisions, je vais avoir à payer le 30 juin, 25,950 fr. pour mes 5 actions, plus 32 fr. 45 c. de frais de courtage si j'emploie un agent, ou moitié seulement si je m'adresse à la coulisse. La liquidation du 30 juin arrive, je paye et prends livraison. J'ai eu une bonne inspiration d'acheter à terme au lieu d'attendre que j'aie mon argent, car « les Nord *font* aujourd'hui 1,048 au comptant, » c'est-à-dire que ces actions valent 10 fr. de plus que le prix auquel je les ai obtenues. J'économise donc 250 fr. sur mon achat.

Nous venons de présenter le côté sérieux d'un marché à terme, c'est-à-dire un placement de valeurs en portefeuille, un *classement*, pour nous servir du terme consacré. Mais le marché à terme, dans ces conditions, est excessivement rare : le plus ordinairement il sert à la spéculation, et malheureusement celui qui a occasion d'aborder la Bourse pour un placement se laisse souvent entraîner à jouer. Qui garantit que, dans

videndes, 1° parce que dans l'intervalle qui sépare le comptant du terme, cette valeur voit augmenter chaque jour ses chances de dividende ou son chiffre d'intérêt à toucher, 2° parce que, dans le même intervalle, l'acheteur jouit en outre des intérêts du capital qu'il n'a pas encore déplacé.

l'exemple donné tout à l'heure, il ne me viendra pas à l'idée, au lieu de prendre livraison de mes **25 Nord**, de donner ordre de les revendre au comptant à la Bourse du **1er** juillet, à **1,050** fr., si ce cours se présente. Cette vente me donnera. . . . . . **26,250** »

Moins 1/8 0/0 de courtage. **32 80**

Ce qui fait un produit de. **26,217 20**
Or, comme ces actions m'ont coûté. . . **25,982 45**

Je réalise un bénéfice de. **234 75**
pour avoir déplacé deux ou trois jours une somme de **26,000** fr. environ, qui ne m'aurait rapporté pareil intérêt, à quelques jours près, qu'au bout de deux mois, et si encore j'avais voulu revendre *à terme*, à un prix encore plus élevé, ou *à prime*, plus cher encore, mon bénéfice eût été plus considérable.

Ce perpétuel va-et-vient des écus constitue toute la théorie de la spéculation, qu'on peut comparer aussi, surtout quand les valeurs sont en voie de baisse, à ce jeu de nos pères : *Petit bonhomme vit encore!* Une allumette de papier enflammée passe de main en main dans le cercle des joueurs. Quelque temps elle brûle bien, puis successivement la flamme s'abaisse, le papier noircit, la chaleur gagne les doigts des joueurs La circulation devient alors très-rapide : chacun s'empresse de se débarrasser le plus vite possible du malencontreux tison : quelques-uns soufflent dessus pour lui donner un reste de vie, et ne réussissent qu'à précipiter sa combustion : il jette encore quelques étincelles, puis un dernier éclair, et finalement il vient mourir et s'éteindre entre les doigts du plus maladroit ou du plus malheureux, qui cherche, mais en vain, à prouver, pour l'endosser à un autre, que « Petit bonhomme vit encore. »

Que de valeurs de Bourse ont ressemblé, en ces derniers temps, à l'allumette de papier !

Après la description du marché *ferme*, que nous venons de donner, il nous reste à expliquer ce qu'on entend par un marché *libre* ou *à prime*. Nous avons déjà dit que, dans ce dernier marché, l'acheteur était libre de ne pas prendre livraison à l'échéance, tandis que le vendeur était sérieusement tenu de mettre les titres à sa disposition. Le vendeur est donc dans une situation en apparence bien inférieure ; mais voici qui la compense : c'est que, si l'acheteur ne prend pas livraison, il fait gagner à son vendeur la *prime*, ou somme convenue à l'avance pour ce cas prévu. Cette prime est de 10 fr. ou 20 fr. par action ou obligation des chemins de fer et autres valeurs ; elle est de 1 fr., de 50 cent., ou même (dans la coulisse) de 10 cent. par unité de rente, c'est-à-dire par 4 fr. 50 cent., 4 fr. ou 3 fr., selon la nature de rente : 4 1/2, 4 ou 3 0/0. Nous allons, du reste, donner deux exemples qui nous feront mieux comprendre

Je donne ordre à mon agent de change de m'acheter *à prime 15 courant, dont 20, vingt-cinq Crédit mobilier.* Cela veut dire que j'achète vingt-cinq actions du *Crédit mobilier*, que mon vendeur devra me livrer le 15 du mois, au prix qui sera convenu aujourd'hui même, et sur lequel je vais lui faire verser immédiatement un à-compte ou prime de 20 fr. par action, c'est-à-dire 500 fr. Ce soir, mon agent de change m'avise que le marché a été conclu à 1,525 fr. par action : cela me coûtera donc. . . . . 38,125 fr.

Comme j'ai donné un a-compte de . . .   500
____

ce n'est plus que. . . . . 37,625 fr.

que j'aurai à verser au 15 si j'entends prendre livraison, autrement dit, en termes de Bourse, si *je lève ma prime*. Si , au contraire , à cette époque , les *Crédit mobilier* sont au-dessous du prix de 1,525 fr., et que , par conséquent , je ne voie nul intérêt à prendre les vingt-cinq actions que j'ai achetées conditionnellement, *j'abandonne ma prime* , c'est-à-dire que mon vendeur garde ses titres et empoche mes 500 fr. On trouvera sans doute que cela ressemble fort à un pari sur la hausse et la baisse, défendu par les lois. Il y a cependant cette différence que, si j'avais gagné ce pari, il prenait le caractère d'un marché , puisque je prenais livraison. Nous passons au second exemple, celui d'un marché à prime sur la rente.

Je fais acheter *à prime fin courant*, ou fin prochain (la rente n'a pas de terme au 15 du mois , comme les actions), *dont* 1, trois mille fr. de rente 3 0/0 : cela veut dire que je verserai aux mains de mon vendeur, à titre de prime qui lui appartiendra si je résilie le marché, 1 fr par 3 fr. de rente : soit 1,000 fr. (S'il s'agissait d'acheter du 4 0/0, la prime dont 1 représenterait 1 fr. à verser par chaque 4 fr. de rente ; — si mon achat était fait en 4 1/2, cette prime serait de 1 fr. par 4 fr. 50 cent. de rente.) — Dans la prime *dont* 50 cent., le versement, on le comprend , est de moitié de la prime *dont* 1. Il y a aussi la *prime dont deux sous*, très en usage parmi les petits spéculateurs du boulevard des Italiens et les courtiers de la coulisse Elle représente 10 cent. à verser par chaque 3 fr., 4 fr. ou 4 fr. 50 cent. de rente que l'on veut acheter.) Je reviens à mon opération de 3 0/0. Mon marché a été conclu à 70 fr. 25 cent. : c'est une somme de.   70,250 fr. à payer à l'époque convenue, moins la

   prime déjà versée.   1,000
____

Je compléterai donc par. . . . . . .   69,250 fr. mon achat, si je prends livraison, si je lève ma prime. Mais j'aurai à calculer si je ne dois pas préférer l'abandonner à mon vendeur, plutôt que de prendre livraison de titres qui ne vaudraient pas le prix auquel je les ai achetés.

Les marchés *à prime* se font ordinairement à un plus haut prix que les marchés *fermes à terme*. Et ce prix est encore d'autant plus élevé que la prime est moins forte. La prime dont 50 offre moins de garanties au vendeur que la prime dont 1 fr., et la rente coûte plus cher dans le premier cas que dans le second.

Il est une autre sorte de marché à prime dont la cote de la Bourse ne parle pas, mais qui s'opère souvent dans la coulisse. C'est l'opposé de celui qui vient d'être décrit : on l'appelle *marché à prime pour recevoir*. Dans ce cas, ce n'est plus l'acheteur qui donne une *prime* pour résilier le marché, s'il le veut ; c'est le vendeur qui force l'acheteur à recevoir les titres, et qui lui abandonne une prime s'il ne les lui délivre pas au terme fixé.

Il est maintenant facile de se rendre compte, et de prévoir la grande variété des combinaisons que tous ces modes d'achats et de vente peuvent produire. Le spéculateur finit par apprendre cela comme le joueur possède la règle du jeu de piquet ; mais, à la Bourse comme au cercle, il ne suffit pas de savoir jouer, il faut encore que le hasard vous donne de bonnes cartes. On a beau colorer ces opérations, leur donner l'apparence de marchés sérieux, vanter leur influence sur le crédit public, leur utilité pour les gouvernements qui ont besoin d'argent, et pour les grandes entreprises auxquelles elles font verser des capitaux, à travers ces résultats, dont quelques-uns sont à peu près incontestables, on ne découvre pas moins le jeu, le jeu démoralisant, aussi bien quand il enrichit l'un que quand il ruine l'autre, élevant des fortunes scandaleuses et donnant des profits qui tournent à l'entretien de l'oisiveté et de la débauche, semant la ruine, le désespoir et le déshonneur au sein des familles, jetant sur l'asphalte des boulevards et sur les dalles de la Bourse une nuée de parasites qui s'agitent fiévreusement pour empocher le plus clair et le plus net des résultats du travail, eux qui ne produisent rien.

Nous allons reprendre une à une toutes les opérations possibles à la Bourse, et l'on verra, en les examinant de près, si les trois quarts peuvent être considérées, au point de vue de la conscience et de l'intérêt publics, comme choses tolérables et licites.

J'ai acheté au comptant, dans de bonnes conditions, c'est-à-dire en baisse. Je veux réaliser des bénéfices. J'ai trois issues devant moi pour la revente de mes titres. Je puis les revendre au comptant, puisqu'ils valaient, je suppose, 90 fr. quand je les ai achetés, et qu'ils sont montés à 98 fr. aujourd'hui. Mais on va rire de mon « innocente spéculation. » En effet, il y a toujours ou presque toujours, entre le comptant et le terme, un *écart* qui constitue ce dernier en faveur pour celui qui veut vendre. Il est donc à peu certain que ce titre, qui vaut au comptant 98 fr., vaudra 98 fr. 50 c., 99 fr., ou mieux encore, si je le vends livrable fin du mois Je serais donc un parfait imbécile si, n'ayant pas un besoin immédiat d'argent, je vendais au comptant au lieu de vendre à terme. Ce petit raisonnement fait, et au moment où je me félicite de ma combinaison, survient un habile qui souffle sur ma capacité spéculatrice, et me prouve que le raisonnement qui me fait préférer la vente à terme à la vente au comptant, parce qu'elle me rapportera davantage, me conduit logiquement à choisir la vente à prime, dont le taux, pour la plupart du temps, est encore plus élevé. Je vais vendre à 101 peut-être dans ces conditions. Cependant j'hésite ; dans les deux cas précédents j'opérais à coup sûr, sans aucune chance à courir ; tandis qu'ici, comme mon acheteur n'est pas tenu de prendre livraison, je n'aurai d'autre gain, s'il ne lève pas sa prime, que de l'empocher. Il est vrai que mes titres me resteront, que pendant ce temps les intérêts en courent toujours, et que la prime, si je la touche, sera un bénéfice tout gratuit : donc je vends à prime, et me voilà lancé dans une voie où il me sera bien difficile de m'arrêter.

La fin du mois est arrivée : la hausse a continué ; mon acheteur a pris livraison et m'a soldé. J'ai réalisé un joli bénéfice, et me voici de nouveau à la tête d'un capital disponible. Mon premier mouvement est de garder ma somme en portefeuille et d'attendre une baisse. Qui sait ! Une complication politique peut survenir à l'extérieur ou à l'intérieur, le mauvais temps peut faire craindre une triste récolte, etc., etc. — Mais c'est abominable d'en venir à des espérances de ce genre ! — Que voulez-vous ? je suis *baissier* quand j'ai de l'argent et pas de titres : quand j'aurai acheté, ce sera autre chose : je serai à la paix, au beau temps, à la prospérité générale, et... à la hausse qui doit en résulter ! — Hélas ! je ne suis pas encore très fort, à ce qu'il paraît : mes nouveaux plans, on vient de me le démontrer bien clairement, sont ceux d'un esprit étroit, d'un épicier en affaires : ceux qui mènent ce jeu, on les nomme des « araignées de la Bourse, » probablement à cause de la patience qu'ils mettent à faire leur toile et à attendre les mouches. Si j'attends la baisse, une grande baisse, comme c'est un événement qui n'arrive en moyenne qu'une ou deux fois par an, je puis, ou plutôt mon argent peut rester oisif des mois et des années, et, avec ce joli métier, en supposant un assez bon nombre d'événements malheureux qui favorisent mes calculs, je n'aurai tiré de mon capital qu'un misérable intérêt de 6 à 10 0/0. Allons donc ! le temps d'un capitaliste doit se payer plus cher que cela : lançons-nous !

C'est ainsi que, de fil en aiguille, celui qui touche aux opérations de Bourse une fois ou deux court risque de s'y engluer.

Nous allons reprendre sommairement, pour l'édification publique, l'exposé des opérations de jeu, en nous servant, pour simplifier, de chiffres hypothétiques.

Quand il y a peu d'*écart* entre le comptant et le terme,(contrairement à ce qui a lieu ordinairement), et que, malgré ce fait, dont les causes peuvent être très diverses, on croit à la hausse prochaine, on achète fin courant une certaine quantité de titres, qu'on tâche de revendre au comptant avant cette époque, et dès que la hausse sur laquelle on comptait s'est manifestée.

En scrutant cette combinaison, on se demande d'abord : 1º pourquoi on n'achète pas du comptant, qui est toujours un peu meilleur marché, plutôt que d'acheter à terme? 2º comment on peut livrer au comptant, dans le cours du mois, ce qu'on a acheté à terme, c'est-à-dire à fin de mois? La réponse à la première question, c'est qu'il s'agit d'une opération de spéculation qu'on peut faire sans avoir le capital nécessaire : il suffit d'avoir de quoi payer la différence en cas de perte; or, si on achetait du comptant, il faudrait payer les titres en prenant la livraison. Pour solution de la seconde question, il faut se rappeler qu'un acheteur à terme a toujours le droit d'*escompter* son vendeur, c'est-à-dire de lui faire livrer les titres à première réquisition.

Donc, cette opération permet d'acheter sans argent,

et de réaliser un bénéfice sans bourse délier. Il est vrai que ce bénéfice peut se changer en perte ; mais, avec un millier de francs, on aborde par cette voie des opérations qui roulent sur un capital assez important.

D'autres fois, au lieu de vendre au comptant ce qu'on a acheté à terme, on se borne à le revendre à terme, si une hausse assez importante s'est réalisée avant la quinzaine ou la fin du mois. On n'a pas la peine d'escompter son vendeur pour livrer ; on ne le ferait qu'autant qu'on serait escompté soi-même par son propre acheteur : on se borne à toucher la *différence*, ou à la payer, selon que c'est la hausse ou la baisse qui s'est déclarée.

On peut vendre à prime ce qu'on a acheté ferme à terme ; mais on est obligé de prendre livraison, tandis que celui à qui l'on vend peut se contenter d'abandonner la prime, en laissant son vendeur chargé des titres, si le marché le constitue en perte : dans ce cas, la prime vient diminuer plus ou moins, et quelquefois couvrir presque entièrement la perte du vendeur.

On peut vendre au comptant ce qu'on a acheté à prime, en escomptant son vendeur ; car le marché à prime n'exclut pas la faculté qu'a toujours l'acheteur à terme de se faire livrer les titres sur-le-champ, autrement dit de transformer son achat à terme en achat au comptant.

On vend quelquefois à terme ferme ce qu'on a acheté à prime, quand une hausse se produit assez forte pour que le taux du ferme 15 courant ou fin du mois soit plus élevé que le prix auquel on a soi-même acheté à prime pour l'un de ces deux termes. En liquidation, c'est-à-dire le 15 ou à la fin du mois, au moment de ce qu'on appelle *la réponse des primes*, on lève la sienne, c'est-à-dire qu'on se fait livrer les titres, et on les repasse à son acheteur, en bénéficiant de la différence du prix d'achat avec le prix de la revente.

Jusqu'ici nous avons vu des ventes toujours garanties par un achat antérieur, et par conséquent ayant au moins l'apparence d'un marché sérieux. Nous allons parler maintenant des ventes *à découvert*, c'est-à-dire des opérations dans lesquelles on vend ce qu'on n'a pas, et ce qu'il faudra se procurer plus tard. Nous voici au cœur de la spéculation la plus hasardeuse, des paris les plus scandaleux, et, il faut bien le dire, des vols les plus éhontés, que malheureusement la loi ne frappe pas.

Un spéculateur *bien informé*, comme on dit, sait une fâcheuse nouvelle non encore ébruitée, mais qui sera inévitablement connue dans quelques heures. Il court à la Bourse, non pas seulement, comme on pourrait le croire, pour faire vendre les titres qu'il possède, avant que la baisse se soit manifestée. Il a mieux et plus à faire que de chercher à endosser à d'autres la perte, ou plutôt la dépréciation momentanée de ses titres ; il est venu pour vendre, au taux du moment, dont celui de tout à l'heure sera peut-être séparé de quelques francs en baisse, aussi longtemps qu'il pourra trouver d'acheteurs. Il vend à 70 fr. au comptant, à 70 fr. 20 c. fin courant, à 70 fr. 50 c. à prime dont 1, à 71 à prime dont 50, etc, etc. Il éparpille ainsi, s'il est hardi et solvable, quelque centaines de mille francs de rente qu'il n'a pas. Tout à coup la fatale nouvelle se répand : la panique commence, la baisse se produit, entraînant tout ; chacun veut vendre à son tour, et à tout prix. Notre spéculateur rachète tout simplement au taux de 66 à 67 tout ce qu'il vient de vendre, et demain et à la fin du mois il sera en mesure de livrer les titres. Il pourra même arriver que celui à qui il aura vendu à découvert sera le même que celui à qui il aura acheté pour livrer. L'opération ressemblera alors, à s'y méprendre, à un exploit de feu Cartouche.

Quand la nouvelle encore secrète est bonne au lieu d'être désastreuse, la spéculation fait l'opération inverse de celle qui vient d'être décrite. Puisque le crime et la vertu ont leurs degrés, la spéculation a aussi les siens. Ainsi profiter d'une bonne nouvelle n'a pas un caractère aussi flibustier que de spéculer sur une mauvaise. Dans le premier cas, on dépouille les gens de ce qu'ils allaient naturellement gagner sur d'autres; dans le second, on profite d'un moment de peur exagérée pour les dévaliser d'une partie de ce qu'ils possèdent. Il est vrai, et c'est la seule circonstance qui sépare ces *opérations* de celles qu'atteint le Code pénal, qu'on ne fait violence à personne. Tu l'as voulu, George Dandin !

Ce qui contribue beaucoup à innocenter les jeux de Bourse, sinon devant la morale, au moins aux yeux de la justice, c'est qu'ils s'effectuent presque toujours entre gens qui comme on dit vulgairement, veulent se prendre une puce sur le nez, » c'est-à-dire se tromper. Certaines de ces opérations rappellent le vol dit *à l'américaine*, où le volé a été entraîné à se laisser faire parce qu'il a cru échanger des pièces d'argent de francs, troc pour troc, contre des pièces d'or de 20 francs, calcul honnête, qui s'est trouvé récompensé, à la grande jubilation du Diable, par la possession d'un rouleau de vieux sous ou de plomb.

Nous venons de décrire la principale manière de spéculer *à découvert*, il en est encore d'autres qui ont souvent pour but unique de couvrir ou de diminuer les pertes que l'on prévoit.

On est à la Bourse *haussier* ou *baissier*, selon d'abord

u'on veut vendre ou acheter, et aussi selon ses prévisions plus ou moins fondées sur la situation du moment. Le spéculateur nanti de titres a besoin de la hausse pour réaliser des bénéfices : celui qui a vendu veut racheter, et désire la baisse ; mais cette situation opposée, dont tous deux ont besoin, ne peut se présenter pour les deux à la fois. Il y a toujours tendance à la baisse ou tendance à la hausse : dans le premier cas, le porteur de titres peut s'inquiéter, et consentir à vendre à perte, dans une limite modérée, ce qu'il craint de ne pouvoir plus vendre de sitôt au prix qu'on lui en offre aujourd'hui : en un mot, il sacrifie à sa tranquillité, s'il prévoit la continuation de la baisse. Celui qui veut acheter profite de la baisse quand elle se présente ; mais s'il y a tendance à la hausse, il attend ce qu'il appellera au besoin « des temps meilleurs. » Ce sont là les petits joueurs : les grands n'attendent jamais : ils opèrent partout et toujours, profitant de 5 centimes de hausse ou de baisse pour agir : mais les prévisions des uns ne sont pas celles des autres, quand il s'agit d'apprécier *l'état du marché*, comme on dit, et d'avoir une opinion sur ce qui va se passer dans le cours de la quinzaine ou du mois. De là l'existence de *haussiers* et de *baissiers* ; de là les manœuvres stratégiques si savantes des deux camps : de là les grandes batailles qui s'engagent d'ordinaire aux approches de la liquidation, afin d'influencer dans un sens ou dans l'autre la solution des marchés à terme ferme et *la réponse des primes*. C'est dans ce conflit ardent que se trouvent pris les petits joueurs, tombant victimes des gros bonnets de la finance, en vertu de cette loi que la victoire est toujours aux gros bataillons.

Tous les achats, à quelque catégorie qu'ils appartiennent, sont des opérations *à la hausse*, celui qui achète croyant nécessairement à une hausse plus ou moins prochaine. Les ventes à couvert, c'est-à-dire faites par des gens qui possèdent les titres à vendre, sont à la hausse ou à la baisse, selon les motifs qui les inspirent. Elles supposent cependant, dans la plupart des cas, une opinion défavorable à la continuation de la hausse. Quant aux ventes à découvert, ce sont constamment des opérations à *la baisse.*

Nous avons expliqué comment on vendait au comptant à découvert, et comment on achetait quelques instants après pour pouvoir livrer.

On peut aussi vendre au comptant à découvert, et n'acheter qu'à terme, ou même à prime, parce qu'on use alors de la faculté, toujours réservée, d'escompter son vendeur, et de se faire livrer immédiatement les titres.

On vend très souvent *à terme* à découvert, c'est-à-dire sans posséder les valeurs, qu'on espère se procurer à plus bas prix dans l'intervalle qui sépare le comptant du terme. C'est une opération très dangereuse, en raison de ce que l'acheteur peut se faire livrer immédiatement, en escomptant le vendeur, qui est alors obligé d'acheter à tout prix le jour même. Il est vrai que le vendeur peut acheter à terme, ou même à prime, la valeur qu'il a promise, et se la faire livrer en escomptant à son tour son propre vendeur : mais s'il était déjà en perte en voulant acheter du comptant, il le sera davantage en achetant à terme, et bien plus encore s'il est forcé d'acheter à prime. *L'escompte,* qui donne facilité à un acheteur de transformer immédiatement son marché à terme en marché au comptant, est un des moyens les plus terribles de la spéculation : elle sème d'embûches et de piéges les pas des vendeurs à découvert, lesquels sont de leur côté la terreur des haussiers.

Nous venons de faire l'énumération des ventes à découvert telles qu'elles se pratiquent ordinairement. On peut encore vendre ainsi à prime, et se couvrir par un achat au comptant ou à terme; mais les circonstances qui peuvent donner des chances favorables à cette opération sont rares, et le plus souvent on se couvre par un achat à prime. Si on est escompté, on escompte à son tour son vendeur, et le bénéfice, comme la perte, se trouve toujours limité, que les primes soient levées ou qu'elles soient abandonnées, à la différence existant entre la prime de vente et la prime d'achat.

Mais le grand cheval de bataille de la spéculation, l'argument capital, celui au nom duquel on bat toutes les grosses caisses de la réclame et de l'annonce pour pêcher les capitaux avec une amorce de 15, 20 et 30 0/0 d'intérêts, c'est *le report*.

« Il y a tous les jours, dit une de ces réclames, de
» pauvres diables d'imbéciles se faisant condamner
» comme *usuriers* pour avoir bêtement baillé leur ar-
» gent à 12 ou 15 0/0 par an, contre lettre de change
» ou autre engagement aussi sérieux, à quelques fils
» de famille, qui se gardent bien de le leur rendre,
» préférant les faire condamner au nom de la morale
» publique.

» Mais on ne risque pas d'être taxé d'usure pour
» prêter en reports à 25, 50, 100 et plus 0/0 par an.

» A bien avisé, salut ! »

(Almanach de la Bourse pour 1856.)

Aussi tous les *faiseurs* de la finance boursicotière s'empressent-ils à l'envie de fonder des comptoirs de reports, où, disent-ils, les opérations sont sûres, les capitaux éminemment productifs. On y verse ses fonds pour un mois, pour deux mois; on les retire à volonté, après avoir palpé d'énormes bénéfices, dans l'honnête métier de papa Gobsek des joueurs de Bourse.

Or, voici ce que font les *reporteurs*, nom donné aux usuriers qui ne sont pas « de pauvres diables d'imbéciles. »

Tout marché à terme qui n'est pas fait *à prime* doit être rigoureusement exécuté de part et d'autre : le vendeur doit livrer les titres, l'acheteur doit prendre livraison, et payer par conséquent à l'agent de change le prix convenu. Pour bon nombre de spéculateurs qui opèrent sur des capitaux beaucoup plus considérables que ceux dont ils peuvent disposer, le moment de prendre livraison est souvent le quart d'heure de Rabelais. Ils n'ont pas sous la main les 20, 30 ou 40,000 francs nécessaires pour payer leurs achats. Et cependant s'ils ne sont pas en mesure le 15 au soir, ou à la fin du mois, une terrible chose les menace : l'*exécution*. Exécuter un spéculateur, c'est faire vendre à la Bourse du lendemain, pour son compte, et à ses risques et périls, les titres qu'il a achetés et qu'il n'a pu payer (c'est, on le voit, une sorte de revente sur folle enchère). Si la revente ne produit pas la somme nécessaire pour payer l'achat, le spéculateur exécuté doit la *différence*. Jusque-là tout irait bien, et beaucoup de joueurs de Bourse voudraient que les choses n'allassent pas plus loin que le payement des différences : ils y trouveraient même de grands avantages et beaucoup d'économie dans leurs pertes. Mais l'*exécution* entraîne, pour le joueur, nous l'avons dit, une pénalité terrible, une sorte d'excommunication, un exil plus ou moins prolongé, quelquefois perpétuel, de la tribu d'Israël. On ne fait plus d'affaires avec lui ! Il est signalé aux agents de change et aux coulissiers, il est mis au ban de la spéculation ! Il ne lui reste plus qu'à se pendre ou à se brûler la cervelle, comme ces honorables négociants qu'on voit encore de temps à autre, principalement sur les théâtres des boulevards, préférer la mort au déshonneur de la faillite.

Pour conjurer cette sanglante solution, il se trouve toujours là quelque caisse de *reports*, qui échappe aux formalités et aux lenteurs du prêt sur gages, ainsi qu'aux désagréments du Code sur la limite légale du taux de l'intérêt, en faisant la petite opération que voici.

Elle prend pour son compte l'opération du spéculateur, lève les titres et les paye, en vertu d'une vente que ce dernier lui a consentie. Puis elle lui revend ces mêmes valeurs pour une prochaine liquidation de quinze jours à deux mois, à son choix et suivant la nature des valeurs. De plus, à chaque liquidation, elle peut recommencer l'opération, si le reporté continue à n'être pas en mesure de lever les titres. Elle fait son prix de manière à se payer de la *différence*, s'il y en avait une, et à récolter en outre « un léger bénéfice. » Ce léger bénéfice, se renouvelant de quinzaine en quinzaine, peut atteindre, ainsi qu'on l'a vu plus haut, 100 0/0 par an, et même davantage !

Ce qui n'empêche pas le taux des reports d'être officiellement coté pour toutes les espèces de valeurs, et l'inflexible *Moniteur* lui-même ne néglige pas de les enregistrer.

Les reports, comme on vient de le voir, doivent donc nécessairement donner, à l'abri de la tolérance dont ils sont l'objet, des bénéfices assez considérables, et sans aucune chance de perte ; mais il faut pour cela que le jeu et la spéculation aient opéré d'une manière immodérée. Le taux des reports varie précisément selon l'importance et le nombre des opérations engagées : en temps ordinaire, et sur les bonnes valeurs, il est très peu élevé : les reporteurs aiment donc les époques agitées, les moments de baisse, et les titres qui subissent de grandes fluctuations. Puis, la spéculation des reports a le défaut de tout ce qui roule sur le jeu : elle ne sait ni ne peut se modérer ou s'arrêter à temps. Les reporteurs ne veulent pas se borner à acheter des titres au comptant pour les revendre à terme, comme dans l'opération principale que nous avons décrite plus haut; ils sont entraînés à vendre les titres qu'ils ont en mains, parce qu'ils espèrent ainsi pousser à la baisse, et amener à quelque temps de là le besoin de nouveaux reports : manœuvre d'usurier s'il en fut. Mais leurs calculs peuvent être renversés par les événements, et on peut sans exagération dire que si les caisses de reports assurent de hauts intérêts à leurs actionnaires, elles ne garantissent nullement leur capital.

Et en fin de compte, de l'aveu même de ceux qui en vivent, c'est la plus malhonnête de toutes les spéculations.

Un jour viendra certainement où, lisant l'histoire de ces choses que nous racontons, on se demandera avec stupeur comment notre époque a pu voir froidement un pareil cynisme s'étaler au grand jour.

PETIT DICTIONNAIRE

DES

TERMES DE BOURSE.

Actions. Titre de propriété de l'actionnaire dans une Société financière, commerciale ou industrielle, sous forme anonyme ou en commandite. L'action est nominative ou au porteur. Dans le premier cas, elle ne peut se transmettre à un nouveau titulaire qu'avec la formalité du *transfert*, qui consiste dans une double déclaration du vendeur et de l'acheteur (quelquefois certifiée par un agent de change) et par une radiation sur les registres du nom de l'ancien actionnaire, en même temps qu'on y inscrit le nom du nouveau. L'action au porteur se transmet de la main à la main, quand on n'a pas eu besoin de l'intermédiaire de l'agent de change pour trouver acheteur. — L'action a toujours besoin d'être présentée pour toucher les intérêts et dividendes, quand elle n'est pas accompagnée de coupons qu'on peut détacher.

Elle reçoit alors au dos, comme la rente nominative, une estampille indiquant le payement effectué.

Les actions indiquent toujours : — le nom de la Société et son siége ; — le chiff.e *nominal* de l'action, qui n'est pas toujours celui de l'*émission*, puisqu'on en émet souvent au-dessus ou au-dessous de ce chiffre nominal : — un extrait de l'acte de Société, selon les exigences de la loi ; — l'époque de fondation et le terme d'existence de la Société.

Lorsqu'une société n'appelle le versement de la souscription de ses actionnaires qu'au fur et à mesure de ses besoins, elle délivre d'abord des *titres provisoires*, et le souscripteur ne reçoit son titre définitif qu'après complet payement de ce qu'il s'est engagé à verser. Ce dernier titre est une action *libérée*, et les tableaux de Bourse se servent des mots *tout payé* pour indiquer quand les actions des entreprises sont libérées.

AGENTS DE CHANGE. Officiers publics chargés de la vente et de l'achat des valeurs de Bourse. Un cautionnement de 125,000 fr. répond de leur gestion. Leur nombre est à Paris de soixante. (Voir leur noms et adresses à la suite de ce dictionnaire.)

AGIO, AGIOTAGE. Terme de commerce qui indique les différences de prix subies d'un jour, ou même d'une heure, à l'autre, par les valeurs ou objets qu'on négocie. On en a fait les mots *agiotage* et *agioteurs*, pour désigner ce négoce et ceux qui s'y livrent. L'opinion publique a fini par attacher à ce mot, ou plutôt à l'acte qu'il indique, une signification peu honorable, et c'est souvent justie.

AMORTISSEMENT. Action de rembourser tout ou partie d'un capital emprunté. Les gouvernements font racheter, de temps en temps, pour les éteindre, un certain chiffre de rentes, au moyen des fonds de la

Caisse d'amortissement. Cette opération, si elle ne libère guère le débiteur, à cause des nouvelles dettes qu'il contracte, a du moins cet avantage qu'elle modère ou arrête presque toujours la baisse des fonds publics. On comprend que les gouvernements ont intérêt à racheter les rentes au plus bas taux : c'est donc aux moments de baisse qu'ils effectuent ces rachats, lesquels, à raison de leur importance , élèvent forcément les cours, en vertu de cette loi économique qu'une marchandise demandée tend toujours à la hausse.

Les Sociétés qui ont émis des *obligations* les amortissent presque toujours au moyen de tirages au sort échelonnés d'année en année, et pour d'assez longues périodes. Chaque obligation ayant, comme tous les titres, un numéro d'ordre, quand un de ces numéros sort de l'urne, l'obligation qui le porte est immédiatement remboursée, soit au pair, c'est-à-dire pour son chiffre d'émission, soit avec prime, c'est-à-dire pour un prix plus élevé, qui est son chiffre nominal. Exemple : les obligations du chemin de fer de Paris à Lyon par le Bourbonnais, émises à **265** fr., c'est-à-dire payées ce prix par les premiers souscripteurs, sont amorties, ou remboursées, à **500** fr., prix nominal porté sur le titre d'obligation.

D'ici à quelques années, les compagnies de chemins de fer devront songer à l'amortissement de leurs *actions* : elles seront obligées de grossir le fonds annuel de réserve et de l'employer à rembourser successivement leurs actionnaires par la voie du sort. Y parviendront-elles, même en supprimant tout ou partie des dividendes qu'elles ont distribués jusqu'à présent ? C'est ce dont il est grandement permis de douter ; mais les actionnaires sont un peu comme Louis XV : « Le dividende, disent-ils, durera toujours bien autant que nous ! »

ANONYME (SOCIÉTÉ). Forme d'association dont les statuts sont approuvés par une loi ou un décret, et qui est surveillée dans sa comptabilité et l'emploi de ses fonds par un commissaire du gouvernement. Les sociétés anonymes ont des directeurs et des comités dirigeants ou consultatifs, mais qui ne sont en rien responsables de leurs actes vis-à-vis des actionnaires, à l'opposé de ce qui a lieu dans les Sociétés en commandite, sortes de républiques où les mandataires sont élus temporairement et toujours révocables, et où les conseils de surveillance répondent dans de certaines limites des conséquences d'une mauvaise gestion. Ce qui n'empêche pas les capitalistes de préférer la forme monarchique des Sociétés anonymes.

ARBITRAGE. Opération arithmétique au moyen de laquelle les courtiers et agents de la Bourse compensent les différences résultant de l'échange de valeurs de diverses natures.

ARRÉRAGES. Sommes dues au prêteur ou à l'actionnaire pour l'intérêt ou les profits de son capital. Les arrérages de la rente se payent par semestre.

BONS. On donne ce nom à divers titres représentant des capitaux prêtés à courtes échéances pour un infime intérêt, tels que les bons du Trésor, ceux du Mont-de-Piété, du Crédit foncier, de la Caisse de la boulangerie, etc. Le chemin de fer d'Orléans a fait, en 1847, un emprunt de 6 millions qu'il a réglé en *bons à ordre* transmissibles par voie d'endos, payables à diverses échéances.

BORDEREAU. Compte donné par les agents de change ou les coulissiers à leurs clients, acheteurs ou vendeurs, et relatant les détails et les chiffres des opérations faites pour leur compte.

Bulletin de la Bourse. Compte rendu sommaire que font les journaux de ce qui se passe chaque jour à la Bourse. Ce bulletin est indépendant du *Tableau des cours*, où sont indiquées la hausse ou la baisse des principales valeurs.

Capital. Somme totale employée aux opérations d'une Société, et fournie à l'origine par les actionnaires, ou du moins représentée en entier par des actions. Certaines sociétés ont un capital nominal, qui n'est pas encore entièrement réalisé, mais qui le sera ou pourra l'être. Le capital d'une société n'existe intégralement que sur le papier : il peut diminuer ou augmenter en réalité à chaque instant, et l'on ne connaît sa valeur réelle et positive qu'à l'expiration du terme des Sociétés, lorsque leur liquidation est complétement terminée.

Change (Cours du). On nomme ainsi le prix très variable de .l'escompte des effets de commerce de toutes les places de France et de l'étranger. Ces négociations, réservées autrefois aux agents de change, sont presque exclusivement aujourd'hui du domaine des banquiers. Néanmoins les variations de ces cours sont indiquées dans les tableaux officiels de la Bourse, pour ce qui concerne le change des places de l'étranger.

Classement des titres. Lorsque survient un emprunt public ou un appel considérable de fonds de la part d'une Société, ce sont, présque toujours, les gros bonnets de la finance qui souscrivent pour des sommes considérables, en accaparant les titres, qu'ils tàchent de revendre au plus vite avec bénéfice. Les vrais souscripteurs ne viennent qu'après, fournir les fonds que les premiers ont seulement eu l'art de promettre. Répartir ces titres dans le public, chez des acheteurs sérieux qui les gardent, c'est ce qu'on nomme le classement. Tant que le classement n'est pas opéré, les gros détenteurs sont inquiets et jouent entre eux pour que *la valeur* soit toujours en vue et ne baisse pas. Les bonnes entreprises se classent facilement : mais il en est d'autres qui n'ont jamais pu y parvenir.

COMMANDITE (SOCIÉTÉ EN). Forme d'association qui a engendré de grandes choses tout en permettant d'énormes abus, et qu'une loi très sévère est venue régler pour l'avenir. Dans les conditions nouvelles qui lui sont faites, la commandite est devenue très difficile à établir : mais la garantie du public actionnaire est infiniment plus sérieuse. Nous avons dit sommairement, à propos de la Société anonyme, en quoi la commandite diffère de cette première forme. Le lecteur trouvera à la fin de cet ouvrage le texte de loi qui concerne ces sortes de Sociétés.

COMPTANT. Opération de vente ou d'achat dont les titres sont livrés, et qui se solde dans un délai de un à deux jours.

COTE. Prix des différentes valeurs de Bourse, arrêté à la fin de chaque Bourse par le syndicat des agents de change.

COULISSIERS, COURTIERS MARRONS. Agents intermédiaires très nombreux qui font clandestinement, ou à l'abri du nom d'un agent de change, des ventes et achats de valeurs pour le compte du public. Les coulissiers prennent moins cher de commission et de courtage que les agents officiels : mais ils présentent beaucoup moins de garanties, et si ces derniers tolèrent leur existence, c'est qu'ils ne sauraient suffire à la quantité des affaires à demi sérieuses et des marchés fictifs qui se font chaque jour, non-seulement à la Bourse, mais dans d'autres lieux publics et à d'autres heures. C'est *la coulisse* qui entretient l'amour sacré du jeu et de la spéculation : sans elle l'agent de change ne ferait pas le dixième de ses opérations actuelles ; leur bonne intelligence se comprend et s'explique.

COUPONS. Petits carrés de papier représentatifs des arrérages d'une rente au porteur, des intérêts d'une obligation, ou des intérêts et dividendes d'une action, qui sont joints aux titres, et qu'on en détache au fur et à mesure de leurs échéances.

COUPURE. Division d'une action ou d'une obligation, portant presque toujours le numéro du titre ainsi divisé : deux demi-obligations du *Crédit foncier* portent le numéro de l'obligation entière, et ne concourent chacune que pour moitié aux chances des loteries. Dix coupures de **100** fr. de la même Société portent également un numéro unique, et, si ce numéro amenait un lot, chaque coupure n'aurait droit qu'à un dixième du gain.

COURS DES VALEURS. Dans les tableaux de Bourse, le cours, ou cote officielle des valeurs, est presque toujours indiqué ainsi : une double colonne annonce le taux de fermeture du jour précédent, au comptant et à terme; puis, en regard de l'indication de chaque valeur, on trouve d'abord le premier cours, c'est-à-dire le prix auquel a été faite la première vente ou le premier achat du jour, au comptant et à terme, en liquidation, ou fin courant, ou fin prochain ; on donne ensuite le *plus haut* prix fait dans cette même Bourse, puis le *plus bas*, et on termine par le *dernier cours*, ou cours de clôture.

COURS MOYEN. Cours convenu à l'avance pour certaines ventes et achats que les agents de change opèrent dans leur cabinet avant l'ouverture de la Bourse, et dont le prix est déterminé, après sa fermeture, par la moyenne du cours le plus haut et du cours le plus bas de cette même Bourse.

COUVERT (VENTE A). Vente sérieuse de titres qu'on a en mains et qu'on est prêt à livrer. (Voir *Découvert*.)

COUVERTURE. Dépôt préalable d'une certaine somme, exigée par l'agent de change des personnes pour lesquelles il est appelé à faire une suite d'opérations qui se soldent chaque quinzaine, *en liquidation*.

DÉCOUVERT (VENTE A). Proprement dit : vendre ce qu'on n'a pas, et qu'on espère acheter à meilleur marché qu'on ne le vend ; opération de jeu malheureusement trop fréquente et dont les conséquences peuvent être très graves.

DÉPORT. Situation de la Bourse, lorsque, très accidentellement, les cours des marchés à terme sont moins élevés que ceux du comptant. Le mot exprime que personne n'a eu intérêt à se faire *reporter*, et qu'on n'a fait aucune opération de *report* (voir ce mot) ; on dit alors qu'il y a du *déport*.

DIVIDENDE. Part de bénéfices distribuée aux actionnaires d'une Société. Certaines Sociétés ne donnent que des dividendes : ce sont les plus raisonnables. Les autres distribuent des intérêts et des dividendes ; mais comme intérêts et dividendes doivent être prélevés sur les bénéfices, le résultat est toujours le même, et c'est jouer sur les mots que de leur donner deux noms au lieu d'un.

ÉCHÉANCE. Les échéances de négociations ne peuvent aller au delà d'un mois pour les actions de chemins de fer, et de deux mois pour les autres effets.

Elles sont donc ainsi indiquées pour les marchés à terme de diverses sortes : 15 courant et fin courant : 15 prochain ou fin prochain pour les titres autres que ceux des chemins. L'échéance de ces derniers s'indique toujours ainsi : 15 ou 30 (ou 31).

ÉMISSION (TAUX D'). Le prix que paye le souscripteur d'une action ou d'une obligation n'est pas toujours le prix nominal : souvent il est plus élevé, quelquefois il est moindre ; c'est ce qu'on nomme le taux d'émission. Lorsque dernièrement la Banque de France a augmenté son capital, les nouvelles actions de 1,000 fr., réservées aux anciens actionnaires, ont été émises à 1,100 fr. C'est une dîme à laquelle les actionnaires ont été soumis ; mais, comme elle tourne à leur profit, puisqu'elle a augmenté d'autant le capital de la Banque, qui est leur propriété, ils n'ont pas à s'en plaindre. D'autre part, il est des augmentations du taux d'émission qui enrichissent les banquiers, comme dans les emprunts publics, qu'ils soumissionnent à un prix inférieur au taux nominal, et qu'ils émettent ensuite à 15 ou 20 fr. plus cher que ce taux. La différence sort de la poche des souscripteurs pour entrer dans leur caisse. Les valeurs dont le taux d'émission est ordinairement inférieur au prix nominal sont les obligations d'emprunts des chemins de fer. Comme elles ne sont remboursables que dans un temps plus ou moins éloigné, il a été nécessaire de les émettre au-dessous du prix de remboursement, et beaucoup d'entre elles dont le titre porte le chiffre de 500 fr. ont été délivrées pour moins de 300, bien qu'elles portent intérêt sur le pied de 500.

ESCOMPTER. Ce mot, en termes de Bourse, n'a pas la même signification qu'en commerce. Il se rapporte aux marchés à terme, que l'acheteur a toujours le droit de transformer en un marché au comptant. Quand il le fait, on dit qu'*il escompte son vendeur*. S'il y a eu beaucoup de ventes à découvert, les escomptes, ou la mise en demeure des vendeurs par les acheteurs, amènent des crises graves.

EXÉCUTER, EXÉCUTION. Le vendeur qui, à la date de son marché, ne peut livrer ce qu'il a vendu, l'acheteur qui ne peut solder le montant de son achat, sont à la veille de se voir *exécutés* s'ils n'ont pas recours à la combinaison des *reports*. L'exécution du vendeur consiste à faire acheter en Bourse, pour son compte, les titres qui lui manquent, et, s'ils sont plus chers qu'il ne les avait vendus à découvert, il doit payer la différence. L'exécution de l'acheteur consiste dans la vente des titres dont il avait promis de prendre livraison, et, s'ils sont vendus moins cher qu'il ne les avait achetés, il doit aussi la différence. Un boursier qui s'est laissé exécuter n'inspire plus de confiance, et nul ne se risque désormais à opérer avec lui sans *couverture*.

FERME (MARCHÉ.) Vente et achat dans lesquels les parties sont engagées sérieusement, l'une à livrer, l'autre à se couvrir (prendre livraison) aux termes indiqués. Différant en cela du marché *à terme*, dans lequel l'acheteur peut *escompter* son vendeur, c'est-à-dire se faire délivrer les titres immédiatement, et du marché *à prime*, qui permet à l'acheteur de résilier son opération, moyennant l'abandon de la somme préalablement versée sous le nom de prime.

FIN COURANT. Échéance de fin de mois pour les valeurs autres que les chemins de fer. Celui qui achète à prime fin courant prend l'engagement de se couvrir, à la fin du mois, de la valeur achetée, ou d'abandonner la prime à cette époque.

FIN PROCHAIN. Échéance plus éloignée d'un mois

que la précédente, et qui ne concerne pas non plus les chemins de fer.

Fonds publics. On nomme ainsi les rentes sur l'État français, les bons et titres des caisses publiques, les obligations des emprunts départementaux et municipaux, les rentes sur les gouvernements étrangers, etc., en un mot, toutes les valeurs garanties par les gouvernements, aux termes de lois et décrets. Il faut néanmoins excepter de cette dénomination les obligations des emprunts des lignes de chemins de fer, bien qu'elles soient pour la plupart sous la garantie de l'État.

Intérêts. (Voir *Arrérages* et *Dividendes*.)

Jouissance. Époque d'où part le service des arrérages, des intérêts ou des dividendes attribués au capital. La rente 4 1/2 0/0 est indiquée : *jouissance* du 22 mars ou du 22 septembre, parce que c'est de ces époques que date le droit à la rente.

Jouissance (Actions de). Lorsque le capital nominal d'une société a été amorti, c'est-à-dire lorsque successivement tous les actionnaires ou prêteurs ont pu être remboursés, ce qui ne s'est encore guère présenté, à l'exception des canaux, il reste ou du moins il peut rester encore une valeur, un capital sous forme de redevance à percevoir, d'usine en activité, etc. Cette valeur, ce nouveau capital, bénéfice net du premier, appartient aux actionnaires. La propriété est représentée entre leurs mains par des actions dites *de jouissance*, leur donnant droit à leur part des bénéfices courants, si l'affaire en produit encore, et au partage de l'actif lorsqu'elle se liquidera.

Certaines entreprises ont créé immédiatement et délivré à leurs souscripteurs, indépendamment des actions de *capital*, les actions de jouissance, qui remplaceront les premières après leur amortissement. Il est aussi des Sociétés où des actions de jouissance, donnant part aux bénéfices, mais ne représentant aucun capital versé, sont accordées à divers titres à certaines personnes, pour rémunération d'apport social, rétribution de travaux, encouragements aux employés, etc.

LEVER LES TITRES, LEVER LES PRIMES. Lever un titre, c'est en prendre livraison. Lever la prime, c'est également se couvrir de la valeur achetée à prime, et alors la somme versée comme prime est imputable sur le prix du marché, et considérée comme un à-compte anticipé.

LIBÉRÉS (TITRES). Actions ou obligations dont le versement, fait en plusieurs fois, est entièrement effectué. Un actionnaire n'est jamais tenu de verser au delà de la somme pour laquelle il a souscrit, et, par conséquent, n'est engagé que jusqu'à concurrence de son versement, jusqu'à libération.

LIBRE (MARCHÉ). Voyez *Prime (Marché à)*.

LIQUIDATION. La liquidation des chemins de fer, c'est-à-dire les réglements de compte entre les agents de change et leurs clients pour les marchés faits sur ces valeurs, la prise de livraison des titres, l'abandon des primes, le payement des courtages, etc, a lieu deux fois par mois, le 15 et le dernier jour du mois. Pour les autres valeurs, elle n'a lieu qu'à la fin de chaque mois.

La liquidation du 15 dure quatre jours; celle de la fin du mois, plus importante, en exige cinq. Le premier jour, fin du mois, a lieu la *réponse des primes;* elles sont levées ou abandonnées. Le 1er du mois, a lieu la liquidation de quinzaine des chemins de fer; le jour d'ensuite est consacré aux autres valeurs: le 3, les agents de change règlent entre eux leurs comptes, et le **4** est le jour de payement de toutes les opérations.

Le payement de la liquidation des chemins de fer, pour le milieu du mois, a lieu le **18**.

MARCHÉS. (Voyez *Ferme, Libre, à prime, à terme.*)

NOMINATIFS (TITRES). Titres qui portent le nom de la personne qui en est propriétaire, et dont la transmission ou la vente entraîne la formalité du *transfert*, avec intervention d'un agent de change.

OBLIGATIONS. — Nature de titres qui diffèrent des actions en ce que les porteurs de ces dernières sont intéressés et associés dans l'entreprise mise en actions, dont ils récoltent les bénéfices, et dont ils ont à supporter les pertes jusqu'à concurrence du montant de ce qu'ils ont versé en échange de leurs actions; tandis que les porteurs d'obligations sont des prêteurs privilégiés qui devront être remboursés un jour de leur capital, fût-ce avec l'argent des actionnaires, et auxquels on sert un intérêt fixe, relativement assez élevé, et très souvent garanti par l'État ou les communes jusqu'au jour fixé pour le remboursement.

Les emprunts départementaux et municipaux, ceux des chemins de fer et des grandes sociétés industrielles, ainsi que les capitaux dont se sert le *Crédit foncier*, sont représentés par des obligations.

PAIR (VALEURS AU). On dit qu'une valeur est au pair lorsqu'elle se vend au même prix que son taux nominal. Une action de **500** fr., vendue **735** fr., est de **235** fr. au-dessus du pair; un titre nominal de **1,000** fr., vendu **860** fr., est de **150** fr. au-dessous. Les rentes 3 0/0, 4 0/0 et 4 1/2 0/0 n'atteindront jamais le pair (**100** fr.) ensemble. Si le 3 0/0 se vendait jamais **100** fr., le 4 0/0 vaudrait au moins **130** fr. et le 4 1/2 davantage. Quand une valeur dépasse le pair, on dit aussi qu'*elle fait prime* de toute la différence.

PRIME. Nous venons de donner une des significations de ce mot. Il désigne encore les lots qui sont délivrés, par la voie du tirage au sort, à certaines obligations, comme celles du *Crédit foncier* et de la *Ville de Paris*. Mais sa principale acception se trouve surtout dans les marchés dits *à prime*, où le vendeur seul s'oblige à livrer, et où l'acheteur verse d'abord une somme que plus tard il se réserve d'abandonner comme dédommagement de la résiliation du marché, s'il ne veut pas le consommer. C'est à cette somme qu'on donne le nom de *prime*.

La prime varie très peu de quotité : elle est ordinairement, sur la rente, de 50 cent. par unité de rente, soit 50 cent. par chaque 3 fr. de rente 3 0/0, ou un sixième de la rente achetée. Quelquefois elle est d'un franc, plus rarement de deux ; c'est ce qui s'exprime par ces mots bizarres : *prime dont 50, prime dont 1, prime dont 2*. La coulisse fait même des primes *dont 2 sous*, et, à ce taux, les petits joueurs perdent encore beaucoup d'argent.

Les primes sur les actions sont fixées, par action, à 10 ou à 20 fr. : *prime dont 10, prime dont 20*. Les tableaux de Bourse abrégent encore, et mettent : *d 10, d 20*.

C'est à la *liquidation* (voir ce mot) que se fait la réponse des primes ; les acheteurs les *abandonnent* si leur marché n'est pas avantageux : ils *les lèvent*, et prennent livraison des titres dans le cas contraire, et alors la prime versée vient en déduction de la somme qu'ils ont à payer.

Les coulissiers font entre eux une opération de primes tout à fait opposée à celle qui vient d'être décrite ;

ils donnent une *prime* à l'acheteur pour l'obliger à prendre livraison : cela se nomme *primes pour recevoir*.

Primes contre primes est une manœuvre de Bourse que nous avons décrite dans la seconde partie de ce livre.

PORTEUR (TITRES AU). Titres qui n'indiquent pas le nom de leur propriétaire, et qui peuvent se transmettre par la simple tradition et sans endossement. La plupart des actions de chemins de fer et des sociétés industrielles sont au porteur.

QUATRE POUR CENT. Rente française peu considérable.

QUATRE ET DEMI POUR CENT. Rente française divisée en deux catégories : l'ancien 4 1/2 et le nouveau. Ce dernier est garanti jusqu'en 1865 contre le remboursement et la conversion ; l'autre ne l'est plus. — Ce fonds est bien *classé*, et le jeu n'y touche guère ; il préfère de beaucoup le 3 0/0.

RENTE. (Voyez ci-dessus.)

RÉPONSE DES PRIMES. (Voyez *Liquidation* et *Primes*.)

REPORT. On donne ce nom à la différence qui existe entre le prix des valeurs au comptant et celui des valeurs à terme. S'il y a sur la rente, par exemple, 50 cent. d'écart entre le prix d'aujourd'hui et celui de la fin du mois, en faveur de cette dernière date, on dit que « le report de la rente est de 50 cent. » Dans le cas, assez rare, où le comptant serait plus cher que le fin courant, le report se change en *déport*.

En termes de Bourse, *faire des reports*, c'est spéculer sur la différence avantageuse dont nous avons parlé.

Mais le mot *report* exprime encore, et principalement, une opération de Bourse assez compliquée, qui, sous prétexte de venir en aide aux joueurs malheureux, leur enlève des sommes qui représentent parfois jusqu'à **10 0/0** par quinzaine. Le *reporteur* est au spéculateur à découvert ce qu'est le mont-de-piété pour les prodigues : il aide en ruinant, et les pauvres diables qui en arrivent là y rencontrent souvent, dit Proudhon, « la lente et douloureuse agonie, au lieu de la mort violente qu'ils ont voulu éviter. »

(Voir, pour plus de détails, la seconde partie de ce livre, où nous avons décrit également l'opération des *reports sur prime.*)

TITRES. Papiers authentiques établissant la propriété et les droits des porteurs de valeurs financières et industrielles. (V. *Actions, Obligations, nominatifs (Titres)* et *porteur (Titres au).*

TERME (MARCHÉ A). Vente ou achat de valeurs pour un terme qui doit être le 15 ou le dernier jour du mois pour les actions des chemins de fer, et fin courant ou fin prochain pour les autres valeurs.

TRANSMISSION, TRANSFERT. Formalité légale à remplir, avec l'aide obligée d'un agent de change, pour le don, l'échange ou la vente des titres nominatifs. La transmission des titres au porteur peut s'opérer sans l'intervention de ces officiers publics

TROIS POUR CENT. Rente française sur laquelle s'exerce plus particulièrement la spéculation, bien qu'elle soit beaucoup plus chère que les autres. Il est vrai que son taux nominal la garantit indéfiniment contre toute crainte de conversions et de remboursements.

VALEURS. Nom générique donné à tous les morceaux de papier qui viennent solliciter chaque jour leur échange contre de beaux et bons écus. Il en est qui mériteraient bien plutôt le nom d'*assignats* que celui de *valeurs*. Toutefois, n'oublions pas que c'est le plus petit nombre, et qu'il circule à la Bourse une notable quantité de titres qu'on entoure des mêmes hommages, et auxquels on rend le même culte qu'aux soyeux chiffons de la Banque de France.

NOMS ET ADRESSES DE MM. LES AGENTS DE CHANGE PRÈS LA BOURSE DE PARIS.

Messieurs

Archdeacon, 72, rue de Provence.
Bagier, 45, rue de Provence.
Basire, 13, rue de Grammont.
Béjot, 17, rue de la Banque.
Billet, 41, rue Laffitte.
Blerzy, 12, rue Ménars.
Bouillant, 22, rue Grange-Batelière.
Bourdin, 12, rue de la Victoire.
Chauffert, 23, rue Saint-Georges.
Coin, 6, rue Basse-du-Rempart.
Crépon, 8, rue de la Michodière.
Delaville-le-Roulx, 8, rue Laffitte.
De Leau, 5, rue Saint-Georges.
Dubois, 8, rue Ménars.
Du Bos, 72, rue de Provence.
Duval-Destains, 1, rue Rossini.
Empaire, 2 *bis*, rue Saint-Georges.
Ganneron, 6, rue Ménars.
Geoffroy, 65, rue de Provence.
Genty de Bussy, 50, rue Neuve-des-Petits-Champs.
Giblain, 8, rue Drouot.

Gide, 18, rue Drouot.

Gillois, 18, rue Grange-Batelière.

Gourlez de Lamotte, 3, rue de Grammont.

Guérinet, 11, rue de Grammont.

Guilhiermoz, 44, rue Notre-Dame-des-Victoires.

Guyet, 6, rue du Port-Mahon.

Hart, 23, rue Lepelletier.

Hébert, 14, rue Notre-Dame-des-Victoires.

Juillien, 12, rue Ménars

Lagarde, 29, rue Laffitte.

Lazarde, 9, place de la Bourse.

Lambert, 11, place de la Bourse.

Laurent, 38, rue Notre-Dame-des-Victoires.

Legras, 22, rue Vivienne.

Leray, 8, place de la Bourse.

Mahou, 11, cité d'Antin.

Marion, 12, rue du Port-Mahon.

Millet, 21, rue de Provence.

Moreau, 131, rue Montmartre.

Munster, 31, rue de Provence.

Norzy, 11, rue Drouot.

Nouette-Delorme, 9, place de la Bourse.

Pollet, 23, rue de Grammont.

Pomme, 79, rue Richelieu.

Reynart, 32, rue Notre-Dame-des-Victoires.

Rigaud, 20, rue Neuve-Saint-Augustin.

Risler, 30, rue de Provence.

Roblot, 16, rue de Choiseul.

Roblot, 79, rue Richelieu.

Rodrigues-Henriques, 28, rue de la Chaussée-d'Antin.

Roland-Gosselin, 64, rue de la Chaussée-d'Antin.

Rougemont, 6, rue Ménars.

Santerre, 6, rue de la Michodière.

Sarchi, 14, rue Rougemont.

Tattet, 29, rue Lepelletier.

Tibaud, 10, rue Neuve-Saint-Augustin.
Tilliet, 18, rue de la Michodière.
Vacheron, 9, rue Lepelletier.
Vicyra-Molina, 11, rue Grange-Batelière
— Chambre syndicale, 6, rue Ménars.
— M. Solliers, secrétaire, agent comptable.

LOI
Sur les sociétés en commandite par actions.

(Promulguée le 23 juillet 1856.)

NAPOLÉON, etc.

Avons sanctionné et sanctionnons, promulgué et promulguons ce qui suit :

LOI.

(Extrait du procès-verbal du Corps législatif.)

LE CORPS LÉGISLATIF a adopté le projet de loi dont la teneur suit :

ART. 1er. Les sociétés en commandite ne peuvent diviser leur capital en actions ou coupons d'actions de moins de cent francs, lorsque ce capital n'excède pas deux cent mille francs, et de moins de cinq cents francs lorsqu'il est supérieur.

Elles ne peuvent être définitivement constituées qu'après la souscription de la totalité du capital social et le versement par chaque actionnaire du quart au moins du montant des actions par lui souscrites.

Cette souscription et ces versements sont constatés par une déclaration du gérant dans un acte notarié.

A cette déclaration sont annexés la liste des souscripteurs, l'état des versements faits par eux et l'acte de société.

2. Les actions des sociétés en commandite sont nominatives jusqu'à leur entière libération.

3. Les souscripteurs d'actions dans les sociétés en commandite sont, nonobstant toute stipulation contraire, responsables du payement du montant total des actions par eux souscrites.

Les actions ou coupons d'actions ne sont négociables qu'après le versement des deux cinquièmes.

4. Lorsqu'un associé fait, dans une société en commandite par actions, un apport qui ne consiste pas en numéraire, ou stipule à son profit des avantages particuliers, l'assemblée générale des actionnaires en fait vérifier et apprécier la valeur.

La société n'est définitivement constituée qu'après approbation dans une réunion ultérieure de l'assemblée générale.

Les délibérations sont prises par la majorité des actionnaires présents. Cette majorité doit comprendre le quart des actionnaires et représenter le quart du capital social en numéraire.

Les associés qui ont fait l'apport ou stipulé les avantages soumis à l'appréciation de l'assemblée n'ont pas voix délibérative.

5. Un conseil de surveillance, composé de cinq actionnaires au moins, est établi dans chaque société en commandite par actions.

Ce conseil est nommé par l'assemblée générale des actionnaires immédiatement après la constitution définitive de la société, et avant toute opération sociale.

Il est soumis à la réélection tous les cinq ans au moins : toutefois, le premier conseil n'est nommé que pour une année.

6. Est nulle et de nul effet, à l'égard des intéressés, toute société en commandite par actions constituée contrairement à l'une des prescriptions énoncées dans les articles qui précèdent. — Cette nullité ne peut être opposée aux tiers par les associés.

7. Lorsque la société est annulée aux termes de l'article précédent, les membres du conseil de surveillance peuvent être déclarés responsables, solidairement et par corps avec les gérants, de toutes les opérations faites postérieurement à leur nomination.

La même responsabilité solidaire peut être prononcée contre ceux des fondateurs de la société qui ont fait un apport en nature, ou au profit desquels ont été stipulés des avantages particuliers.

8. Les membres du conseil de surveillance vérifient les livres, la caisse, le portefeuille et les valeurs de la société.

Ils font, chaque année, un rapport à l'assemblée générale sur les inventaires et sur les propositions de distribution de dividendes faites par le gérant.

9. Le conseil de surveillance peut convoquer l'assemblée générale. Il peut aussi provoquer la dissolution de la société.

10. Tout membre d'un conseil de surveillance est responsable avec les gérants solidairement et par corps :

1º Lorsque, sciemment, il a laissé commettre dans les inventaires des inexactitudes graves, préjudiciables à la société ou aux tiers;

2º Lorsqu'il a, en connaissance de cause, consenti à la distribution de dividendes non justifiés par des inventaires sincères et réguliers.

11. L'émission d'actions ou de coupons d'actions d'une société constituée contrairement aux articles **1** et **2** de la présente loi, est punie d'un emprisonnement de huit jours à six mois, et d'une amende de cinq cents francs à dix mille francs, ou de l'une de ces peines seulement.

Est puni des mêmes peines, le gérant qui commence les opérations sociales avant l'entrée en fonctions du conseil de surveillance.

12. La négociation d'actions ou de coupons d'actions dont la valeur ou la forme serait contraire aux dispositions des articles 1 et 2 de la présente loi, ou pour lesquels le versement des deux cinquièmes n'aurait pas été effectué conformément à l'article 3, est punie d'une amende de cinq cents francs à dix mille francs.

Sont punies de la même peine toute participation à ces négociations et toute publication de la valeur desdites actions.

13. Sont punis des peines portées par l'article 405 du Code pénal, sans préjudice de l'application de cet article à tous les faits constitutifs du délit d'escroquerie :

1° Ceux qui, par simulation de souscriptions ou de versements, ou par la publication faite de mauvaise foi de souscriptions ou de versements qui n'existent pas, ou de tous autres faits faux, ont obtenu ou tenté d'obtenir des souscriptions ou des versements;

2° Ceux qui, pour provoquer des souscriptions ou des versements, ont, de mauvaise foi, publié les noms de personnes désignées contrairement à la vérité, comme étant ou devant être attachées à la société à un titre quelconque;

3° Les gérants, qui, en l'absence d'inventaires ou au moyen d'inventaires frauduleux, ont opéré entre les actionnaires la répartition de dividendes non réellement acquis à la société.

L'article 463 du Code pénal est applicable aux faits prévus par le présent article.

14. Lorsque les actionnaires d'une société en commandite par actions ont à soutenir collectivement et dans un intérêt commun, comme demandeurs ou comme défendeurs, un procès contre les gérants ou contre les membres du conseil de surveillance, ils sont représentés par des commissaires nommés en assemblée générale.

Lorsque quelques actionnaires seulement sont engagés comme demandeurs ou comme défendeurs dans la contestation, les commissaires sont nommés dans une assemblée spéciale composée des actionnaires parties au procès.

Dans le cas où un obstacle quelconque empêcherait la nomination des commissaires par l'assemblée générale ou par l'assemblée spéciale, il y sera pourvu par le tribunal de commerce, sur la requête de la partie la plus diligente.

Nonobstant la nomination des commissaires, chaque actionnaire a le droit d'intervénir personnellement dans l'instance, à la charge de supporter les frais de son intervention.

15. Les sociétés en commandite par actions actuellement existantes, et qui n'ont pas de conseil de surveillance, sont tenues, dans le délai de six mois à partir de la promulgation de la présente loi, de constituer un conseil de surveillance.

Ce conseil est nommé conformément aux dispositions de l'article 5.

Les conseils déjà existants et ceux qui sont nommés en exécution du présent article exercent les droits et remplissent les obligations déterminées par les articles 8 et 9; ils sont soumis à la responsabilité prévue par l'article 10.

A défaut de constitution du conseil de surveillance dans le délai ci-dessus fixé, chaque actionnaire a le droit de faire prononcer la dissolution de la société. Néanmoins, un nouveau délai peut être accordé par les tribunaux, à raison des circonstances.

L'article 14 est également applicable aux sociétés actuellement existantes.

Délibéré en séance publique, à Paris, le 30 juin 1856.

ARITHMÉTIQUE ET BARÊME DE LA BOURSE.

ARITHMÉTIQUE ET BARÈME DE LA BOURSE.

Tous les calculs de la Bourse se résolvent par une règle de trois, à l'exception des courtages, qui s'obtiennent par une simple multiplication.

Les dix pages de tableaux qui suivent donnent le prix de 100 fr. de rente 3, 4 et 4 1/2 0/0, à tous les taux qui peuvent se présenter en temps ordinaire. Une fois connu ce prix de 100 fr., il suffit de le multiplier par la somme de rentes dont on veut connaître le capital.

Exemple : Je veux savoir ce que me coûteront 36 fr. de rente 4 1/2 au taux de 91 fr. 25 c.; je cherche page 6 du Barème, 3ᵉ colonne, et j'y vois que 100 fr. de rente à ce taux coûtent 2,027 fr. 77 c.: je multiplie ce chiffre par 36, ce qui me donne 7,299,972, et en retirant de mon résultat les deux chiffres de droite, je sais que mes 36 fr. de rente 4 1/2 à 91 fr. 25 c. me coûteront, à quelques centimes près, 730 fr.

Mais si je désire savoir, par exemple, ce que me produirait de rente 3 0/0, au taux de 70 fr. 50 c., une somme de 6,500 fr., je suis obligé de recourir à la règle de trois, ainsi posée : Si 70 fr. 50 c. donnent 3, combien donneront 6,500?

Ou, arithmétiquement : $70,50 : 6500 :: 3 : x$.

Ce qui se résout en multipliant le second terme par le troisième, et en divisant le résultat par le premier. J'obtiens ainsi 276 fr. 60 c., représentant le revenu, en 3 pour 100 à 70 50, de ma somme de 6,500 fr.

3 pour cent		4 pour cent		4 1/2 pour cent	
Cours :	Prix :	Cours :	Prix :	Cours :	Prix :
fr. c.	fr. c.	fr. c.	fr. c.	fr. c.	fr. c.
54 »»	1.800 »»	72 »»	1.800 »»	81 »»	1.800 »»
54 05	1.801 67	72 05	1.801 25	81 05	1.801 11
54 10	1.803 33	72 10	1.802 50	81 10	1.802 22
54 15	1.805 »»	72 15	1.803 75	81 15	1.803 33
54 20	1.806 67	72 20	1.805 »»	81 20	1.804 44
54 25	1.808 33	72 25	1.806 25	81 25	1.805 55
54 30	1.810 »»	72 30	1.807 50	81 30	1.806 66
54 35	1.811 67	72 35	1.808 75	81 35	1.807 77
54 40	1.813 33	72 40	1.810 »»	81 40	1.808 88
54 45	1.815 »»	72 45	1.811 25	81 45	1.810 »»
54 50	1.816 67	72 50	1.812 50	81 50	1.811 11
54 55	1.818 33	72 55	1.813 75	81 55	1.812 22
54 60	1.820 »»	72 60	1.815 »»	81 60	1.813 33
54 65	1.821 67	72 65	1.816 25	81 65	1.814 44
54 70	1.823 33	72 70	1.817 50	81 70	1.815 55
54 75	1.825 »»	72 75	1.818 75	81 75	1.816 66
54 80	1.826 67	72 80	1.820 »»	81 80	1.817 77
54 85	1.828 33	72 85	1.821 25	81 85	1.818 88
54 90	1.830 »»	72 90	1.822 50	81 90	1.820 »»
54 95	1.831 67	72 95	1.823 75	81 95	1.821 11
55 »»	1.833 33	73 »»	1.825 »»	82 »»	1.822 22
55 05	1.835 »»	73 05	1.826 25	82 05	1.823 33
55 10	1.836 67	73 10	1.827 50	82 10	1.824 44
55 15	1.838 33	73 15	1.828 75	82 15	1.825 55
55 20	1.840 »»	73 20	1.830 »»	82 20	1.826 66
55 25	1.841 67	73 25	1.831 25	82 25	1.827 77
55 30	1.843 33	73 30	1.832 50	82 30	1.828 88
55 35	1.845 »»	73 35	1.833 75	82 35	1.830 »»
55 40	1.846 67	73 40	1.835 »»	82 40	1.831 11
55 45	1.848 33	73 45	1.836 25	82 45	1.832 22
55 50	1.850 »»	73 50	1.837 50	82 50	1.833 33
55 55	1.851 67	73 55	1.838 75	82 55	1.834 44
55 60	1.853 33	73 60	1.840 »»	82 60	1.835 55
55 65	1.855 »»	73 65	1.841 25	82 65	1.836 66
55 70	1.856 67	73 70	1.842 50	82 70	1.837 77
55 75	1.858 33	73 75	1.843 75	82 75	1.838 88
55 80	1.860 »»	73 80	1.845 »»	82 80	1.840 »»
55 85	1.861 67	73 85	1.846 25	82 85	1.841 11
55 90	1.863 33	73 90	1.847 50	82 90	1.842 22
55 95	1.865 »»	73 95	1.848 75	82 95	.843 33

CE QUE COUTENT 100 FRANCS DE RENTE

3 pour cent				4 pour cent				4 1/2 pour cent			
Cours:		Prix:		Cours:		Prix:		Cours:		Prix:	
fr.	c.	fr.	c.	fr.	c.	fr.	c.	fr.	c.	fr.	c.
56	»»	1.866	67	74	»»	1.850	»»	83	»»	[illegible]	[illegible]
56	05	1.868	33	74	05	1.851	25	83	05	[illegible]	[illegible]
56	10	1.870	»»»	74	10	1.852	50	83	10	[illegible]	[illegible]
56	15	1.871	67	74	15	1.853	75	83	15	1.847	77
56	20	1.873	33	74	20	1.855	»»	83	20	[illegible]	[illegible]
56	25	1.875	»»»	74	25	1.856	25	83	25	1.850	[illegible]
56	30	1.876	67	74	30	1.857	50	83	30	1.851	[illegible]
56	35	1.878	33	74	35	1.858	75	83	35	[illegible]	[illegible]
56	40	1.880	»»	74	40	1.860	»»	83	40	1.853	[illegible]
56	45	1.881	67	74	45	1.861	25	83	45	1.854	[illegible]
56	50	1.883	33	74	50	1.862	50	83	50	1.855	[illegible]
56	55	1.885	»»	74	55	1.863	75	83	55	1.856	[illegible]
56	60	1.886	67	74	60	1.865	»»»	83	60	1.857	77
56	65	1.888	33	74	65	1.866	25	83	65	[illegible]	[illegible]
56	70	1.890	»»»	74	70	1.867	50	83	70	[illegible]	[illegible]
56	75	1.891	67	74	75	1.868	75	83	75	[illegible]	[illegible]
56	80	1.893	33	74	80	1.870	»»	83	80	[illegible]	[illegible]
56	85	1.895	»»	74	85	1.871	25	83	85	[illegible]	[illegible]
56	90	1.896	67	74	90	1.872	50	83	90	[illegible]	[illegible]
56	95	1.898	33	74	95	1.873	75	83	95	[illegible]	[illegible]
57	»»	1.900	»»	75	»»	1.875	»»	84	»»	1.866	[illegible]
57	05	1.901	67	75	05	1.876	25	84	05	1.867	77
57	10	1.903	33	75	10	1.877	50	84	10	[illegible]	[illegible]
57	15	1.905	»»	75	15	1.878	75	84	15	1.870	[illegible]
57	20	1.906	67	75	20	1.880	»»»	84	20	1.871	[illegible]
57	25	1.908	33	75	25	1.881	25	84	25	[illegible]	[illegible]
57	30	1.910	»»	75	30	1.882	50	84	30	[illegible]	[illegible]
57	35	1.911	67	75	35	1.883	75	84	35	[illegible]	[illegible]
57	40	1.913	33	75	40	1.885	»»	84	40	[illegible]	[illegible]
57	45	1.915	»»»	75	45	1.886	25	84	45	[illegible]	[illegible]
57	50	1.916	67	75	50	1.887	50	84	50	[illegible]	[illegible]
57	55	1.918	33	75	55	1.888	75	84	55	[illegible]	[illegible]
57	60	1.920	»»»	75	60	1.890	»»	84	60	[illegible]	[illegible]
57	65	1.921	67	75	65	1.891	25	84	65	[illegible]	[illegible]
57	70	1.923	33	75	70	1.892	50	84	70	[illegible]	[illegible]
57	75	1.925	»»»	75	75	1.893	75	84	75	[illegible]	[illegible]
57	80	1.926	67	75	80	1.895	»»	84	80	[illegible]	[illegible]
57	85	1.928	33	75	85	1.896	25	84	85	[illegible]	[illegible]
57	90	1.930	»»	75	90	1.897	50	84	90	[illegible]	[illegible]
57	95	1.931	67	75	95	1.898	75	84	95	[illegible]	[illegible]

CE QUE COUTENT 100 FRANCS DE RENTE

3 pour cent		4 pour cent		4 1/2 pour cent	
Cours :	Prix :	Cours :	Prix :	Cours :	Prix :
fr. c.	fr. c.	fr. c.	fr. c.	fr. c.	fr. c.
58 »»	1.933 33	76 »»	1.900 »»	85 »»	1.888 88
58 05	1.935 »»	76 05	1.901 25	85 05	1.890 »»
58 10	1.936 67	76 10	1.902 50	85 10	1.891 11
58 15	1.938 33	76 15	1.903 75	85 15	1.892 22
58 20	1.940 »»	76 20	1.905 »»	85 20	1.893 33
58 25	1.941 67	76 25	1.906 25	85 25	1.894 44
58 30	1.943 33	76 30	1.907 50	85 30	1.895 55
58 35	1.945 »»	76 35	1.908 75	85 35	1.896 66
58 40	1.946 67	76 40	1.910 »»	85 40	1.897 77
58 45	1.948 33	76 45	1.911 25	85 45	1.898 88
58 50	1.950 »»	76 50	1.912 50	85 50	1.900 »»
58 55	1.951 67	76 55	1.913 75	85 55	1.901 11
58 60	1.953 33	76 60	1.915 »»	85 60	1.902 22
58 65	1.955 »»	76 65	1.916 25	85 65	1.903 33
58 70	1.956 67	76 70	1.917 50	85 70	1.904 44
58 75	1.958 33	76 75	1.918 75	85 75	1.905 55
58 80	1.960 »»	76 80	1.920 »»	85 80	1.906 66
58 85	1.961 67	76 85	1.921 25	85 85	1.907 77
58 90	1.963 33	76 90	1.922 50	85 90	1.908 88
58 95	1.965 »»	76 95	1.923 75	85 95	1.910 »»
59 »»	1.966 67	77 »»	1.925 »»	86 »»	1.911 11
59 05	1.968 33	77 05	1.926 25	86 05	1.912 22
59 10	1.970 »»	77 10	1.927 50	86 10	1.913 33
59 15	1.971 67	77 15	1.928 75	86 15	1.914 44
59 20	1.973 33	77 20	1.930 »»	86 20	1.915 55
59 25	1.975 »»	77 25	1.931 25	86 25	1.916 66
59 30	1.976 67	77 30	1.932 50	86 30	1.917 77
59 35	1.978 33	77 35	1.933 75	86 35	1.918 88
59 40	1.980 »»	77 40	1.935 »»	86 40	1.920 »»
59 45	1.981 67	77 45	1.936 25	86 45	1.921 11
59 50	1.983 33	77 50	1.937 50	86 50	1.922 22
59 55	1.985 »»	77 55	1.938 75	86 55	1.923 33
59 60	1.986 67	77 60	1.940 »»	86 60	1.924 44
59 65	1.988 33	77 65	1.941 25	86 65	1.925 55
59 70	1.990 »»	77 70	1.942 50	86 70	1.926 66
59 75	1.991 67	77 75	1.943 75	86 75	1.927 77
59 80	1.993 33	77 80	1.945 »»	86 80	1.928 88
59 85	1.995 »»	77 85	1.946 25	86 85	1.930 »»
59 90	1.996 67	77 90	1.947 50	86 90	1.931 11
59 95	1.998 33	77 95	1.948 75	86 95	1.932 22

CE QUE COUTENT 100 FRANCS DE RENTE

3 pour cent		4 pour cent		4 1/2 pour cent	
Cours :	Prix :	Cours :	Prix :	Cours :	Prix :
fr. c.	fr. c.	fr. c.	fr. c.	fr. c.	fr. c.
60 »»	2.000 »»	78 »»	1.950 »»	87 »»	1.933 33
60 05	2.001 67	78 05	1.951 25	87 05	1.934 44
60 10	2.003 33	78 10	1.952 50	87 10	1.935 55
60 15	2.005 »»	78 15	1.953 75	87 15	1.936 66
60 20	2.006 67	78 20	1.955 »»	87 20	1.937 77
60 25	2.008 33	78 25	1.956 25	87 25	1.938 88
60 30	2.010 »»	78 30	1.957 50	87 30	1.940 »»
60 35	2.011 67	78 35	1.958 75	87 35	1.941 11
60 40	2.013 33	78 40	1.960 »»	87 40	1.942 22
60 45	2.015 »»	78 45	1.961 25	87 45	1.943 33
60 50	2.016 67	78 50	1.962 50	87 50	1.944 44
60 55	2.018 33	78 55	1.963 75	87 55	1.945 55
60 60	2.020 »»	78 60	1.965 »»	87 60	1.946 66
60 65	2.021 67	78 65	1.966 25	87 65	1.947 77
60 70	2.023 33	78 70	1.967 50	87 70	1.948 88
60 75	2.025 »»	78 75	1.968 75	87 75	1.950 »»
60 80	2.026 67	78 80	1.970 »»	87 80	1.951 11
60 85	2.028 33	78 85	1.971 95	87 85	1.952 22
60 90	2.030 »»	78 90	1.972 50	87 90	1.953 33
60 95	2.031 67	78 95	1.973 75	87 95	1.954 44
61 »»	2.033 33	79 »»	1.975 »»	88 »»	1.955 55
61 05	2.035 »»	79 05	1.976 25	88 05	1.956 66
61 10	2.036 67	79 10	1.977 50	88 10	1.957 77
61 15	2.038 33	79 15	1.978 75	88 15	1.958 88
61 20	2.040 »»	79 20	1.980 »»	88 20	1.960 »»
61 25	2.041 67	79 25	1.981 25	88 25	1.961 11
61 30	2.043 33	79 30	1.982 50	88 30	1.962 22
61 35	2.045 »»	79 35	1.983 75	88 35	1.963 33
61 40	2.046 67	79 40	1.985 »»	88 40	1.964 44
61 45	2.048 33	79 45	1.986 25	88 45	1.965 55
61 50	2.050 »»	79 50	1.987 50	88 50	1.966 66
61 55	2.051 67	79 55	1.988 75	88 55	1.967 77
61 60	2.053 33	79 60	1.990 »»	88 60	1.968 88
61 65	2.055 »»	79 65	1.991 25	88 65	1.970 »»
61 70	2.056 67	79 70	1.992 50	88 70	1.971 11
61 75	2.058 33	79 75	1.993 75	88 75	1.972 22
61 80	2.060 »»	79 80	1.995 »»	88 80	1.973 33
61 85	2.061 67	79 85	1.996 25	88 85	1.974 44
61 90	2.063 33	79 90	1.997 50	88 90	1.975 55
61 95	2.065 »»	79 95	1.998 75	88 95	1.976 66

CE QUE COUTENT 100 FRANCS DE RENTE

3 pour cent		4 pour cent		4 1/2 pour cent	
Cours :	Prix :	Cours :	Prix :	Cours :	Prix :
fr. c.	fr. c.	fr. c.	fr. c.	fr. c.	fr. c.
62 »»» —	2.066 67	80 »»» —	2.000 »»»	89 »»» —	1 977 77
62 05 —	2.068 33	80 05 —	2 001 25	89 05 —	1.978 88
62 10 —	2.070 »»»	80 10 —	2.002 50	89 10 —	1.980 »»»
62 15 —	2.071 67	80 15 —	2.003 75	89 15 —	1.981 11
62 20 —	2.073 33	80 20 —	2.005 »»»	89 20 —	1.982 22
62 25 —	2.075 »»»	80 25 —	2.006 25	89 25 —	1.983 33
62 30 —	2 076 67	80 30 —	2.007 50	89 30 —	1.984 44
62 35 —	2.078 33	80 35 —	2.008 75	89 35 —	1.985 55
62 40 —	2.080 »»»	80 40 —	2.010 »»»	89 40 —	1.986 66
62 45 —	2.081 67	80 45 —	2.011 25	89 45 —	1.987 77
62 50 —	2.083 33	80 50 —	2.012 50	89 50 —	1.988 88
62 55 —	2.085 »»»	80 55 —	2.013 75	89 55 —	1.990 »»»
62 60 —	2.086 67	80 60 —	2.015 »»»	89 60 —	1.991 11
62 65 —	2.088 33	80 65 —	2.016 25	89 65 —	1.992 22
62 70 —	2.090 »»»	80 70 —	2.017 50	89 70 —	1.993 33
62 75 —	2.091 67	80 75 —	2.018 75	89 75 —	1.994 44
62 80 —	2.093 33	80 80 —	2.020 »»»	89 80 —	1.995 55
62 85 —	2.095 »»»	80 85 —	2.021 25	89 85 —	1.996 66
62 90 —	2.096 67	80 90 —	2.022 50	89 90 —	1.997 77
62 95 —	2.098 33	80 95 —	2.023·75	89 95 —	1.998 88
63 »»» —	2.100 »»»	81 »»» —	2.025 »»»	90 »»» —	2.000 »»»
63 05 —	2.101 67	81 05 —	2.026 25	90 05 —	2.001 11
63 10 —	2.103 33	81 10 —	2.027 50	90 10 —	2.002 22
63 15 —	2.105 »»»	81 15 —	2.028 75	90 15 —	2.003 33
63 20 —	2.106 67	81 20 —	2.030 »»»	90 20 —	2.004 44
63 25 —	2.108 33	81 25 —	2.031 25	·90 25 —	2.005 55
63 30 —	2.110 »»»	81 30 —	2.032 50	90 30 —	2.006 66
63 35 —	2.111 67	81 35 —	2.033 75	90 35 —	2.007 77
63 40 —	2.113 33	81 40 —	2.035 »»»	90 40 —	2.008 88
63 45 —	2.115 »»»	81 45 —	2.036 25	90 45 —	2.010 »»»
63 50 —	2.116 67	81 50 —	2.037 50	90 50 —	2.011 11
63 55 —	2.118 33	81 55 —	2.038 75	90 55 —	2.012 22
63 60 —	2.120 »»»	81 60 —	2.040 »»»	90 60 —	2.013 33
63 65 —	2.121 67	81 65 —	2.041 25	90 65 —	2.014 44
63 70 —	2.123 33	81 70 —	2.042 50	90 70 —	2.015 55
63 75 —	2.125 »»»	81 75 —	2.043 75	90 75 —	2.016 66
63 80 —	2.126 67	81 80 —	2.045 »»»	90 80 —	2.017 77
63 85 —	2.128 33	81 85 —	2.046 25	90 85 —	2.018 88
63 90 —	2.130 »»»	81 90 —	2.047 50	90 90 —	2.020 »»»
63 95 —	2.131 67	81 95 —	2.048 75	90 95 —	2.021 11

CE QUE COUTENT 100 FRANCS DE RENTE

3 pour cent		4 pour cent		4 1/2 pour cent	
Cours :	Prix :	Cours :	Prix :	Cours :	Prix :
fr. c.	fr. c.	fr. c.	fr. c.	fr. c.	fr. c.
64 »» — 2.133 33		82 »» — 2.050 »»		91 »» — 2.0[illegible]	
64 05 — 2.135 »»		82 05 — 2.051 25		91 05 — 2.0[illegible]	
64 10 — 2.136 67		82 10 — 2.052 50		91 10 — 2.0[illegible]	
64 15 — 2.138 33		82 15 — 2.053 75		91 15 — 2.0[illegible]	
64 20 — 2.140 »»		82 20 — 2.055 »»		91 20 — 2.0[illegible]	
64 25 — 2.141 67		82 25 — 2.056 25		91 25 — 2.0[illegible]	
64 30 — 2.143 33		82 30 — 2.057 50		91 30 — 2.0[illegible]	
64 35 — 2.145 »»		82 35 — 2.058 75		91 35 — 2.0[illegible]	
64 40 — 2.146 67		82 40 — 2.060 »»		91 40 — 2.0[illegible] 44	
64 45 — 2.148 33		82 45 — 2.061 25		91 45 — 2.0[illegible]	
64 50 — 2.150 »»		82 50 — 2.062 50		91 50 — 2.0[illegible]	
64 55 — 2.151 67		82 55 — 2.063 75		91 55 — 2.0[illegible]	
64 60 — 2.153 33		82 60 — 2.065 »»		91 60 — 2.0[illegible]	
64 65 — 2.155 »»		82 65 — 2.066 25		91 65 — 2.0[illegible]	
64 70 — 2.156 67		82 70 — 2.067 50		91 70 — 2.0[illegible] 77	
64 75 — 2.158 33		82 75 — 2.068 75		91 75 — 2.0[illegible]	
64 80 — 2.160 »»		82 80 — 2.070 »»		91 80 — 2.040 »»	
64 85 — 2.161 67		82 85 — 2.071 25		91 85 — 2.0[illegible] 11	
64 90 — 2.163 33		82 90 — 2.072 50		91 90 — 2.0[illegible]	
64 95 — 2.165 »»		82 95 — 2.073 75		91 95 — 2.043 [illegible]	
65 »» — 2.166 67		83 »» — 2.075 »»		92 »» — 2.0[illegible] 44	
65 05 — 2.168 33		83 05 — 2.076 25		92 05 — 2.045 55	
65 10 — 2.170 »»		83 10 — 2.077 50		92 10 — 2.0[illegible]	
65 15 — 2.171 67		83 15 — 2.078 75		92 15 — 2.047 77	
65 20 — 2.173 33		83 20 — 2.080 »»		92 20 — 2.0[illegible]	
65 25 — 2.175 »»		83 25 — 2.081 25		92 25 — 2.050 »»	
65 30 — 2.176 67		83 30 — 2.082 50		92 30 — 2.0[illegible] 11	
65 35 — 2.178 33		83 35 — 2.083 75		92 35 — 2.0[illegible]	
65 40 — 2.180 »»		83 40 — 2.085 »»		92 40 — 2.0[illegible]	
65 45 — 2.181 67		83 45 — 2.086 25		92 45 — 2.0[illegible] 44	
65 50 — 2.183 33		83 50 — 2.087 50		92 50 — 2.0[illegible]	
65 55 — 2.185 »»		83 55 — 2.088 75		92 55 — 2.0[illegible]	
65 60 — 2.186 67		83 60 — 2.090 »»		92 60 — 2.057 77	
65 65 — 2.188 33		83 65 — 2.091 25		92 65 — 2.0[illegible]	
65 70 — 2.190 »»		83 70 — 2.092 50		92 70 — 2.0[illegible] »»	
65 75 — 2.191 67		83 75 — 2.093 75		92 75 — 2.0[illegible] 11	
65 80 — 2.193 33		83 80 — 2.095 »»		92 80 — 2.0[illegible]	
65 85 — 2.195 »»		83 85 — 2.096 25		92 85 — 2.0[illegible]	
65 90 — 2.196 67		83 90 — 2.097 50		92 90 — 2.0[illegible] 44	
65 95 — 2.198 33		83 95 — 2.098 75		92 95 — 2.065 55	

CE QUE COUTENT 100 FRANCS DE RENTE

3 pour cent		4 pour cent		4 1/2 pour cent	
Cours :	Prix :	Cours :	Prix :	Cours :	Prix :
fr. c.	fr. c.	fr. c.	fr. c.	fr. c.	fr. c.
66 »»	2.200 »»	84 »»	2.100 »»	93 »»	2.066 66
66 05	2.201 67	84 05	2.101 25	93 05	2.067 77
66 10	2.203 33	84 10	2.102 50	93 10	2.068 88
66 15	2.205 »»	84 15	2 103 75	93 15	2.070 »»
66 20	2.206 67	84 20	2.105 »»	93 20	2.071 11
66 25	2.208 33	84 25	2.106 25	93 25	2.072 22
66 30	2.210 »»	84 30	2.107 50	93 30	2.073 33
66 35	2.211 67	84 35	2.108 75	93 35	2.074 44
66 40	2.213 33	84 40	2.110 »»	93 40	2 075 55
66 45	2.215 »»	84 45	2.111 25	93 45	2.076 66
66 50	2.216 67	84 50	2.112 50	93 50	2.077 77
66 55	2.218 33	84 55	2.113 75	93 55	2.078 88
66 60	2.220 »»	84 60	2.115 »»	93 60	2.080 »»
66 65	2.221 67	84 65	2.116 25	93 65	2.081 11
66 70	2.223 33	84 70	2.117 50	93 70	2.082 22
66 75	2.225 »»	84 75	2.118 75	93 75	2.083 33
66 80	2.226 67	84 80	2.120 »»	93 80	2.084 44
66 85	2.228 33	84 85	2.121 25	93 85	2.085 55
66 90	2.230 »»	84 90	2.122 50	93 90	2.086 66
66 95	2.231 67	84 95	2.123 75	93 95	2.087 77
67 »»	2.233 33	85 »»	2.125 »»	94 »»	2.088 88
67 05	2.235 »»	85 05	2.126 25	94 05	2.090 »»
67 10	2.236 67	85 10	2.127 50	94 10	2.091 11
67 15	2.238 33	85 15	2.128 75	94 15	2.092 22
67 20	2.240 »»	85 20	2.130 »»	94 20	2.093 33
67 25	2.241 67	85 25	2.131 25	94 25	2.094 44
67 30	2.243 33	85 30	2.132 50	94 30	2.095 55
67 35	2 245 »»	85 35	2.133 75	94 35	2.096 66
67 40	2.246 67	85 40	2.135 »»	94 40	2.097 77
67 45	2.248 33	85 45	2.136 25	94 45	2.098 88
67 50	2.250 »»	85 50	2.137 50	94 50	2.100 »»
67 55	2.251 67	85 55	2.138 75	94 55	2.101 11
67 60	2.253 33	85 60	2.140 »»	94 60	2.102 22
67 65	2.255 »»	85 65	2.141 25	94 65	2.103 33
67 70	2.256 67	85 70	2.142 50	94 70	2.104 44
67 75	2.258 33	85 75	2.143 75	94 75	2.105 55
67 80	2.260 »»	85 80	2.145 »»	94 80	2.106 66
67 85	2.261 67	85 85	2.146 25	94 85	2.107 77
67 90	2.263 33	85 90	2.147 50	94 90	2.108 88
67 95	2.265 »»	85 95	2 148 75	94 95	2.110 »»

CE QUE COUTENT 100 FRANCS DE RENTE

3 pour cent		4 pour cent		4 1/2 pour cent	
Cours :	Prix :	Cours :	Prix :	Cours :	Prix :
fr. c.	fr. c.	fr. c.	fr. c.	fr. c.	fr. c.
68 »»	2.266 67	86 »»	2.150 »»»	95 »»	2.111 11
68 05	2.268 33	86 05	2.151 25	95 05	2.112 22
68 10	2.270 »»»	86 10	2.152 50	95 10	2.113 33
68 15	2.271 67	86 15	2.153 75	95 15	2.114 44
68 20	2.273 33	86 20	2.155 »»»	95 20	2.115 55
68 25	2.275 »»»	86 25	2.156 25	95 25	2.116 66
68 30	2.276 67	86 30	2.157 50	95 30	2.117 77
68 35	2.278 33	86 35	2.158 75	95 35	2.118 88
68 40	2.280 »»»	86 40	2.160 »»»	95 40	2.120 »»»
68 45	2.281 67	86 45	2.161 25	95 45	2.121 11
68 50	2.283 33	86 50	2.162 50	95 50	2.122 22
68 55	2.285 »»»	86 55	2.163 75	95 55	2.123 33
68 60	2.286 67	86 60	2.165 »»»	95 60	2.124 44
68 65	2.288 33	86 65	2.166 25	95 65	2.125 55
68 70	2.290 »»»	86 70	2.167 50	95 70	2.126 66
68 75	2.291 67	86 75	2.168 75	95 75	2.127 77
68 80	2.293 33	86 80	2.170 »»»	95 80	2.128 88
68 85	2.295 »»»	86 85	2.171 25	95 85	2.130 »»
68 90	2.296 67	86 90	2.172 50	95 90	2.131 11
68 95	2.298 33	86 95	2.173 75	95 95	2.132 22
69 »»	2.300 »»»	87 »»	2.175 »»»	96 »»	2.133 33
69 05	2.301 67	87 05	2.176 25	96 05	2.134 44
69 10	2.303 33	87 10	2.177 50	96 10	2.135 55
69 15	2.305 »»»	87 15	2.178 75	96 15	2.136 66
69 20	2.306 67	87 20	2.180 »»»	96 20	2.137 77
69 25	2.308 33	87 25	2.181 25	96 25	2.138 88
69 30	2.310 »»»	87 30	2.182 50	96 30	2.140 »»
69 35	2.311 67	87 35	2.183 75	96 35	2.141 11
69 40	2.313 33	87 40	2.185 »»»	96 40	2.142 22
69 45	2.315 »»»	87 45	2.186 25	96 45	2.143 33
69 50	2.316 67	87 50	2.187 50	96 50	2.144 44
69 55	2.318 33	87 55	2.188 75	96 55	2.145 55
69 60	2.320 »»»	87 60	2.190 »»»	96 60	2.146 66
69 65	2.321 67	87 65	2.191 25	96 65	2.147 77
69 70	2.323 33	87 70	2.192 50	96 70	2.148 88
69 75	2.325 »»»	87 75	2.193 75	96 75	2.150 »»»
69 80	2.326 67	87 80	2.195 »»»	96 80	2.151 11
69 85	2.328 33	87 85	2.196 25	96 85	2.152 22
69 90	2.330 »»»	87 90	2.197 50	96 90	2.153 33
69 95	2.331 67	87 95	2.198 75	96 95	2.154 44

CE QUE COUTENT 100 FRANCS DE RENTE

3 pour cent		4 pour cent		4 1/2 pour cent	
Cours :	Prix :	Cours :	Prix :	Cours :	Prix :
fr. c.	fr. c.	fr. c.	fr. c.	fr. c.	fr. c.
70 »» —	2.333 33	88 »» —	2.200 »»	97 »» —	2.155 55
70 05 —	2.335 »»	88 05 —	2.201 25	97 05 —	2.156 66
70 10 —	2.336 67	88 10 —	2.202 50	97 10 —	2.157 77
70 15 —	2.338 33	88 15 —	2.203 75	97 15 —	2.158 88
70 20 —	2.340 »»	88 20 —	2.205 »»	97 20 —	2 160 »»
70 25 —	2.341 67	88 25 —	2.206 25	97 25 —	2.161 11
70 30 —	2.343 33	88 30 —	2.207 50	97 30 —	2.162 22
70 35 —	2.345 »»	88 35 —	2.208 75	97 35 —	2.163 33
70 40 —	2.346 67	88 40 —	2.210 »»	97 40 —	2.164 44
70 45 —	2 348 33	88 45 —	2.211 25	97 45 —	2.165 55
70 50 —	2.350 »»	88 50 —	2.212 50	97 50 —	2.166 66
70 55 —	2.351 67	88 55 —	2.213 75	97 55 —	2.167 77
70 60 —	2.353 33	88 60 —	2.215 »»	97 60 —	2.168 88
70 65 —	2.355 »»	88 65 —	2.216 25	97 65 —	2.170 »»
70 70 —	2.356 67	88 70 —	2.217 50	97 70 —	2.171 11
70 75 —	2.358 33	88 75 —	2.218 75	97 75 —	2.172 22
70 80 —	2.360 »»	88 80 —	2.220 »»	97 80 —	2.173 33
70 85 —	2.361 67	88 85 —	2.221 25	97 85 —	2.174 44
70 90 —	2.363 33	88 90 —	2 222 50	97 90 —	2.175 55
70 95 —	2.365 »»	88 95 —	2.223 75	97 95 —	2.176 66
71 »» —	2.366 67	89 »» —	2.225 »»	98 »» —	2.177 77
71 05 —	2.368 33	89 05 —	2.226 25	98 05 —	2.178 88
71 10 —	2.370 »»	89 10 —	2 227 50	98 10 —	2.180 »»
71 15 —	2.371 67	89 15 —	2.223 75	98 15 —	2 181 11
71 20 —	2.373 33	89 20 —	2.230 »»	98 20 —	2.182 22
71 25 —	2.375 »»	89 25 —	2.231 25	98 25 —	2.183 33
71 30 —	2.376 67	89 30 —	2.232 50	98 30 —	2.184 44
71 35 —	2.378 33	89 35 —	2.233 75	98 35 —	2.185 55
71 40 —	2.380 »»	89 40 —	2.235 »»	98 40 —	2.186 66
71 45 —	2.381 67	89 45 —	2.236 25	98 45 —	2.187 77
71 50 —	2.383 33	89 50 —	2.237 50	98 50 —	2.188 88
71 55 —	2.385 »»	89 55 —	2.238 75	98 55 —	2.190 »»
71 60 —	2.386 67	89 60 —	2.240 »»	98 60	2.191 11
71 65 —	2.388 33	89 65 —	2.241 25	98 65 —	2.192 22
71 70 —	2.390 »»	89 70 —	2.242 50	98 70 —	2.193 33
71 75 —	2.391 67	89 75 —	2.243 75	98 75 —	2.194 44
71 80 —	2.393 33	89 80 —	2.245 »»	98 80 —	2.195 55
71 85 —	2.395 »»	89 85 —	2.246 25	98 85 —	2.196 66
71 90 —	2.396 67	89 90 —	2.247 50	98 90 —	2.197 77
71 95 —	2.398 33	89 95 —	2.248 75	98 95 —	2.198 88

CE QUE COUTENT 100 FRANCS DE RENTE

3 pour cent

Cours :		Prix :	
fr.	c.	fr.	c.
72	»»	2.400	»»
72	05	2.401	67
72	10	2.403	83
72	15	2.405	»»
72	20	2.406	67
72	25	2.408	83
72	30	2.410	»»
72	35	2.411	67
72	40	2.413	83
72	45	2.415	»»
72	50	2.416	67
72	55	2.418	83
72	60	2.420	»»
72	65	2.421	67
72	70	2.423	83
72	75	2.425	»»
72	80	2.426	67
72	85	2.428	83
72	90	2.430	»»
72	95	2.431	67
73	»»	2.433	83
73	05	2.435	»»
73	10	2.436	67
73	15	2.438	83
73	20	2.440	»»
73	25	2.441	67
73	30	2.443	83
73	35	2.445	»»
73	40	2.446	67
73	45	2.448	83
73	50	2.450	»»
73	55	2.451	67
73	60	2.453	83
73	65	2.455	»»
73	70	2.456	67
73	75	2.458	83
73	80	2.460	»»
73	85	2.461	67
73	90	2.463	83
73	95	2.465	»»

4 pour cent

Cours :		Prix :	
fr.	c.	fr.	c.
90	»»	2.250	»»
90	05	2.251	25
90	10	2.252	50
90	15	2.253	75
90	20	2.255	»»
90	25	2.256	25
90	30	2.257	50
90	35	2.258	75
90	40	2.260	»»
90	45	2.261	25
90	50	2.262	50
90	55	2.263	75
90	60	2.265	»»
90	65	2.266	25
90	70	2.267	50
90	75	2.268	75
90	80	2.270	»»
90	85	2.271	25
90	90	2.272	50
90	95	2.273	75
91	»»	2.275	»»
91	05	2.276	25
91	10	2.277	50
91	15	2.278	75
91	20	2.280	»»
91	25	2.281	25
91	30	2.282	50
91	35	2.283	75
91	40	2.285	»»
91	45	2.286	25
91	50	2.287	50
91	55	2.288	75
91	60	2.290	»»
91	65	2.291	25
91	70	2.292	50
91	75	2.293	75
91	80	2.295	»»
91	85	2.296	25
91	90	2.297	50
91	95	2.298	75

4 1/2 pour cent

Cours :		Prix :	
fr.	c.	fr.	c.
99	»»	2.200	»»
99	05	2.201	11
99	10	2.202	22
99	15	2.203	33
99	20	2.204	44
99	25	2.205	55
99	30	2.206	66
99	35	2.207	77
99	40	2.208	88
99	45	2.210	»»
99	50	2.211	11
99	55	2.212	22
99	60	2.213	33
99	65	2.214	44
99	70	2.215	55
99	75	2.216	66
99	80	2.217	77
99	85	2.218	88
99	90	2.220	»»
99	95	2.221	11
100	»»	2.222	22
100	05	2.223	33
100	10	2.224	44
100	15	2.225	55
100	20	2.226	66
100	25	2.227	77
100	30	2.228	88
100	35	2.230	»»
100	40	2.231	11
100	45	2.232	22
100	50	2.233	33
100	55	2.234	44
100	60	2.235	55
100	65	2.236	66
100	70	2.237	77
100	75	2.238	88
100	80	2.240	»»
100	85	2.241	11
100	90	2.242	22
100	95	2.243	33

[Cachet circulaire de bibliothèque : … IMPR. …]

TABLE DES MATIÈRES.

DEUXIÈME PARTIE.

FIN.

PARIS. — IMPRIMERIE DE DUBUISSON ET Cᵉ, RUE COQ-HÉRON, 5.

PASSARD

LIBRAIRE-ÉDITEUR, 7, RUE DES GRANDS AUGUSTINS
A PARIS

PETITE ENCYCLOPÉDIE RÉCRÉATIVE

Format in-32.

NINON, Mmes DE MAINTENON, DE CAYLUS, ETC

Bibliothèque épistolaire, ou choix des plus belles lettres des femmes célèbres du siècle de Louis XIV, Ninon de l'Enclos, mesdames de Maintenon, des Ursins, de Caylus, de La Fayette, de Villars, et de Coulanges, accompagnées de notes historiques et biographiques. 1 vol. in-32............ 1 50

NOTA. La Bibliothèque épistolaire et le volume des lettres de Mme de Sévigné, qui fait partie de cette collection, renferment tout ce qu'ont écrit de plus exquis les femmes célèbres de ce beau siècle de Louis XIV, destiné à demeurer, pour la postérité, un éternel sujet d'admiration.

Nous eussions pu, pour ce volume, de même que pour celui de Mme de Sévigné, faire des recueils plus considérables, mais il nous eût fallu nécessairement tomber dans un ordre secondaire; nous avons préféré la qualité à la quantité. Voyez page 3 de ce Catalogue, article Sévigné.

Il n'existe rien en librairie dans le genre de la Bibliothèque épistolaire.

BALZAC, ALCIDE TOUSEZ, FRÉDÉRIC SOULIÉ, ETC.

Histoires drôlatiques de l'empereur Napoléon Ier, racontées par MM. de Balzac, Alcide Tousez et Frédéric Soulié; suivies de COMME QUOI NAPOLÉON N'A JAMAIS EXISTÉ, etc. 1 vol. in-32................................... 1 50

Les divers opuscules dont se compose ce volume, qui renferme tout ce qui a été écrit de plus charmant sur Napoléon, étant tous de propriété privée et appartenant à diverses personnes, on concevra sans peine les difficultés que nous avons dû éprouver pour les réunir. Mais nous n'avons reculé devant aucun sacrifice pour atteindre notre but.

Dr MERRYMAN AND HILARIUS LE GAI.

A million of comic Anecdotes or Flowers of wit and humour. 1 vol. in-32...................... 1 50

Un grand nombre d'ouvrages ont été compulsés pour la composition de ce petit livre, qui contient la quintessence des anecdotes anglaises, puisées dans les originaux anglais mêmes, et qui n'est pas la traduction de l'ouvrage suivant, comme on pourrait le supposer.

Ce petit livre, qui peut être mis dans les mains de la jeunesse, convient dans les maisons d'éducation, pour exercer les élèves à la traduction de l'anglais.

HILAIRE LE GAI.

Un Million de plaisanteries, Calembours, Naïvetés, Jeux de mots, Facéties, Reparties, Saillies, Anecdotes comiques et amusantes, inédites ou peu connues 1 vol. in-32..... 1 50

Nouveau Million de Bêtises et de Traits d'esprit, Bons contes, Bons mots, Bouffonneries, Calembours, Facéties anciennes et modernes, Parades de Bobêche, etc. 1 vol. in-32. Prix 1 50

Petit Trésor de Poésie récréative. Choix des plus agréables Facéties en vers, anciennes et modernes, Satires, Contes, Epigrammes, Madrigaux, Pièces burlesques et galantes. 1 vol. in-32..................................... 1 50

Un Million d'Énigmes, Charades et Logogriphes; suivi d'un choix des plus jolies énigmes italiennes, espagnoles, anglaises et allemandes, avec la traduction en regard. 1 v. in-32. 1 50

Un Million de Calembours, Charges, Lazzi, Bons mots, Quolibets, Parades de Bobêche, etc. 1 vol. in-32.... 1 50

Voyages et aventures du baron de Munchhausen, suivis de L'HISTOIRE D'UN TIGRE, par l'abbé de Savigny; édition illustrée de 27 vignettes sur bois. 1 vol. in-32....... 1 50

Bibliothèque de Voyages amusants, Chapelle et Bachaumont, Racine, La Fontaine, Piron, Lefranc de Pompignan, de Paris à Saint-Cloud par mer avec le retour par terre, Voltaire, Desmahis, etc., etc. 1 vol. in-32............ 1 50

Petite Encyclopédie des Proverbes français, 1 vol. in-32. Prix..................................... 1 50

NOTA. — Ce volume diffère totalement du suivant.

G. DUPLESSIS.

La Fleur des proverbes français, recueillis et annotés. 1 vol. in-32................................... 1 50
Le même ouvrage, grand papier vélin fort............. 3 50

RODOLPHE TOPFFER.

Le Presbytère,
Élisa et Widmer, } 2 vol. in-32................ 3 »

BRILLAT-SAVARIN.

Physiologie du Goût. Edition complète. 1 v. in-32. 1 50

PERRAULT, Mmes D'AULNOY et LEPRINCE DE BEAUMONT

Contes des Fées. 1 vol. in-32................... 1 50

Mme DE SÉVIGNÉ.

Lettres, nouveau choix. 1 vol. in-32.............. 1 50

Ce choix, qui contient tout ce qu'il y a de plus exquis dans la correspondance de Mme de Sévigné, peut convenir dans les maisons d'éducation.
Voyez Ninon, Mme de Maintenon, etc., *Bibliothèque épistolaire*, en tête de ce Catalogue.

FLORIAN, ARNAULT, AUBERT, BARBE,

BÉRENGER, CORROZET, DU CERCEAU, FUMARS, GRÉNUS, HOFFMAN, Mme DE LA FERANDIÈRE, LAMOTTE, LEBAILLY, LEMONNIER, PANARD, L'ABBÉ REYRE, VITALIS, VOLTAIRE, ETC.

Fables complètes de Florian, suivies d'un choix des plus jolies fables en vers qui existent en français. 1 v. in-32.   1 50

NOTA. Cette édition des fables de Florian est suivie d'un choix très-bien fait des plus jolies fables en vers de plus de soixante fabulistes français autres que La Fontaine et Florian, choix qu'on ne trouve que dans ce recueil, et qu'on chercherait vainement ailleurs, attendu qu'il n'existe rien de ce genre en librairie.
Ce volume est composé de 564 pages, dont 202 pour Florian et 362 pour le choix des autres fabulistes, dont le recueil se trouve ainsi plus considérable que celui de Florian même.

LA FONTAINE.

Fables complètes, précédées de l'éloge de La Fontaine par Chamfort, couronné par l'Académie de Marseille en 1770. Nouv. édition. 1 vol. in-32......................... ... 1 50

JOHANNÈS TRISMÉGISTE.

Les Jeu des Tarots égyptiens. 78 figures, les seules dessinées d'après l'antiquité égyptienne. Figures noires.. 3 »
Figures coloriées. 4 50

On est prié de faire attention au nom de l'éditeur « Passard » qui se trouve dans l'intérieur de la boîte.
NOTA. On trouve la manière de jouer à ce Jeu, l'un des plus amusants qui se jouent en société, dans le *Manuel du Devin* de Nathaniel Moulth et dans l'art de tirer les cartes, par Johannès Trismégiste.

NATHANIEL MOULTH.

Petit Manuel du Devin et du Sorcier, contenant le traité des songes et visions, l'art de dire la bonne aventure, l'art de tirer les cartes, le traité des tarots, etc. 1 vol. in-32. **Prix**...................... .... 1 50

Mme DE GENLIS.

Le Siége de la Rochelle. Edition complète, avec la dédicace et les notes de l'édit. originale. 1 vol. in-32. Prix.   1 50

BERNARDIN DE SAINT-PIERRE.

Paul et Virginie, suivi de la Chaumière indienne, l'Arcadie, le Café de Surate, et des Voyages en Silésie et à l'Ile de France. 1 vol. in-32....................................   1 50

EUGÈNE LE GAI.

Petit Théâtre bouffon, ou choix des plus jolies pièces comiques jouées sur les différents théâtres de Paris. 1 volume in-32...   1 50

Ce petit volume renferme tout ce que nous avons trouvé de plus charmant dans le théâtre comique moderne; aucune pièce, de celles que nous désirions y faire entrer, ne nous ayant été refusée.

Il contient les pièces suivantes:

1° *Le Sourd ou l'Auberge pleine.*
2° *Sbogar, comédie en un acte.*
3° *Le Bourgmestre de Sardam.*
4° *Monsieur Jovial.*
5° *Ma Femme et mon Parapluie.*
6° *La Vie de l'Empereur, par Alcide Tousez.*
7° *La Sœur de Jocrisse.*

Bibliothèque des Calembours. 1 vol. in-32, illustré de 139 vignettes sur bois..........................   1 50

Ce volume contient les six brochures suivantes, qui se vendent séparément chacune 25 centimes.

1° *La Fleur des Calembours.* 25 c.
2° *Le Trésor des Calembours.* 25 c.
3° *Le Jardin des Calembours.* 25 c.
4° *Petite Galerie de Calembours.* 25 c.
5° *Les Mille et un Calembours* 25 c.
6° *Petit Musée drôlatique......* 25 c.

COMMERSON.

Petite Encyclopédie bouffonne, 1 vol. in-32...   1 50

Ce volume contient :

1° *Les Pensées d'un emballeur;*
2° *Le Dictionnaire comique;*
3° *Les Éphémérides comiques;*
4° *Boutades et bigarrures.*

Un Million de Bouffonneries, 1 vol. in-32.....   1 50

VAN TENAC et L. DELANOUE.

Bibliothèque des jeux de cartes, ou règles des principaux jeux mixtes et de hasard qui se jouent en société. 1 vol. in-32...   1 50

Ce volume se divise en six parties qui se vendent chacune séparément :

1° Manuel du jeu de piquet.   25 c.
2° Traité du jeu de whist....   25 c.
3° Manuel des jeux de boston   25 c.
4° Manuel des jeux de bezigue, d'écarté et de reversi ....   25 c.
5° Manuel des jeux de bouillotte, lansquenet, brelan, etc...   25 c.
6° Manuel des jeux d'impériale, triomphe, mouche, ambigu, nain-jaune, rams, vingt-et-un, loterie, tontine, etc., etc.   25 c.

LÉON COSSON, ETC.

Bibliothèque des jeux d'adresse, contenant les règles des jeux de billard, etc.

En vente : **Traité illustré du jeu de billard**, démontré par 23 figures sur le carambolage, la pyramide, etc., intercalées dans le texte. 1 vol. in-32.......................... » 25

VAN TENAC, L. DELANOUE, ETC.

Bibliothèque des jeux de combinaisons, contenant les dominos, les échecs, etc., etc.

En vente : **Traité du jeu de dominos**. 1 vol. in-32   » 45

BIBLIOTHÈQUE DU DESTIN

à 1 franc le volume et 1 franc 25 cent. par la poste.

JOHANNÈS TRISMÉGISTE

Les Merveilles du Magnétisme. 1 vol. in-18, illustré de onze vignettes sur bois.   1 »

Ces vignettes représentent les portraits de Mesmer, Deleuze et Puységur, le baquet de Mesmer et les différentes manières de pratiquer des magnétiseurs les plus célèbres.

L'art d'expliquer les Songes et les visions nocturnes, ou Dictionnaire des mystères du sommeil, expliqués par des exemples tirés des prophètes, des mages, de l'histoire et des oracles les plus célèbres de l'Orient. Édition illustrée de 115 vignettes dans le texte. 1 vol. in-18.   1 »

> *Epigraphe :* Les enfants prophétiseront, les jeunes gens auront des visions, et les vieillards des songes,
>
> *La Bible*, JOEL, ch. II, v. 28.

Cet ouvrage est le seul qui contienne des exemples historiques à la suite des explications des songes.

L'art de tirer les Cartes, suivi de l'Art de connaître l'avenir, ou révélations complètes sur les destinées par les cartes, les tarots, les divinations anciennes, les horoscopes, les signes de la main, le marc de café, etc. 1 vol. in-18, illustré de plus de 150 vignettes.   1 »

ALEXANDRE DAVID

Le petit Lavater français, ou les Secrets de la physiognomonie dévoilés; édition illustrée de 15 portraits de personnages célèbres et autres, gravés sur bois. 1 vol. in-18. 1 »

BIBLIOTHÈQUE FRANÇAISE ET ÉTRANGÈRE

LA FLEUR DES NOUVELLES

contenant :

Marie (1) ou *le Mouchoir bleu*, par Etienne BÉQUET.

L'Abbaye de Maubuisson, par le même.

La Mésange bleue, par Elie BER-THET.

La Romance de Nina, par Mme de BAWR.

Le Neveu de la fruitière, par Héré-SIPPE MOREAU.

La Souris blanche, par le même.

Les Petits Souliers, par le même

RECUEILLIES PAR **Arthur Delanoue.**

Un vol. gr. in-32 (in-18 ancien). Prix : 1 fr. et 1 fr. 25 par la poste.

(1) Lorsque parurent ces quelques pages (*Marie*) d'un style si excellent, ce fut un ravissement universel. J. JANIN, *Notice sur Et. Béquet.*

CH. PAULTRE DES ORMES

Ancien aide de camp du général Kléber en Egypte.

La Morale primitive, ou Pensées, Maximes, Proverbes et Sentences des Orientaux ; suivie de pensées de Louis XIV, extraites de ses ouvrages et de ses lettres manuscrites par Mme la duchesse de Duras. 1 v. in-18. Prix : 1 f., et 1 f. 25 par la poste.

Ces maximes, écrites dans le style oriental, et d'une si haute portée morale, devraient être dans toutes les mains et dans toutes les bouches ; beaucoup ont paru dans ce recueil pour la première fois.

Les maximes arabes ont été données à l'auteur par les membres du divan du Caire, lors de l'expédition d'Egypte ; elles existent encore dans ses papiers de famille, écrites en arabe sur papier d'Egypte, par les membres du divan, et telles que ceux-ci les lui ont remises.

BIBLIOTHÈQUE COMMERCIALE

H. LENEVEUX

Guide-Manuel de la tenue des livres de commerce, ou Traité de comptabilité pratique. 1 vol. in-12. Prix : 1 fr., et 1 fr. 25 par la poste.

Quarante-quatre tableaux composent la Tenue des Livres figurée dans ce petit volume ; c'est le seul ouvrage où, proportion gardée, on en trouve autant. Il convient pour l'enseignement dans les maisons d'éducation.

CASIMIR DELANOUE

Manuel-Barème de l'escompte à l'usage du commerce de la banque, de l'industrie, etc., etc., nouveaux tableaux ou calculs faits des intérêts depuis un franc jusqu'à un million. 1 vol. in-12. Prix 1 fr., par la poste 1 fr. 25 c.

La Bibliothèque commerciale se composera de trois volumes, le 3e est sous presse.

BIBLIOTHÈQUE DES CONNAISSANCES UTILES

A 50 cent. le volume et 60 cent. par la poste.

H. LENEVEUX

Manuel d'apprentissage, guide pour le choix d'un état industriel, contenant des renseignements sur l'apprentissage et la législation qui le régit les chômages périodiques, les inconvénients pour la santé, les chances d'établissement, etc., dans toutes les professions manuelles qui s'exercent en France. 1 in-18.. » 50

LOUIS VERARDI

Manuel du bon ton et de la politesse française, nouveau Guide pour se conduire dans le monde. 1 vol.   » 50

RAGONOT-GODEFROY

Petit Guide-Manuel du jardinier, contenant l'Art de cultiver et de décorer les jardins. 1 vol. in-18 illustré.   » 50

LOUIS DELANOUE

Manuel du secrétaire français, contenant des modèles de lettres et de pétitions en tous genres, suivis de formules d'actes sous seing privé, billets à ordre, lettres de change, traites, quittances, baux, ventes, pouvoirs, etc.   » 50

OUVRAGES DIVERS

THOMAS JOSEPH MOULT ET PYTHAGORAS

Prophéties perpétuelles très-curieuses et très-certaines, etc, etc.. 1 vol. in-18. Prix.   » 50

HILAIRE LE GAI

Académie des jeux de cartes, de combinaisons et d'exercices. 1 vol. in-18.   » 50

Bonapartiana, ou la Fleur des bons mots de l'empereur Napoléon 1er, recueillis par Cousin d'Avallon et H. Le Gai. 1 volume in-18.   » 50

Le Jardin de l'Enfance, nouveau **Recueil de Compliments** et de modèles de lettres pour le jour de l'an et les fêtes de famille. 1 vol. in-18.   « 50

Aventures drôlatiques du baron de Munchhausen, ou la Fleur des gasconnades allemandes. 1 vol. in-18, illustré de 20 vign. sur bois intercalées dans le texte . 50

EUGÈNE LE GAI

La Fleur des Gasconnades, ou le nouveau Gasconiana, Hâbleries, Fanfaronnades, etc. 1 vol. in-18. . 50

Les Mille et une Anecdotes comiques. 1 v. ill. » 50

Les Mille et un Contes drôlatiques. 1 vol. illust. . 50

Les Mille et un contes pour rire, 1 vol. illustré. » 50

NOTA Les divers volumes de cette collection à 50 cent. le vol. ont paru sous différents titres d'almanachs.

Ouvrages de divers prix et de divers formats :

LOUIS DELANOUE, AVOCAT

Guide-manuel des propriétaires et locataires de bâtiments et des entrepreneurs, constructeurs et maçons 1 vol. in-18. Prix. 1 fr., et 1 fr. 25 c. par la poste.

DOUPHY

Barême national, ou Nouveau tarif complet pour la cubature des bois en grume et équarris, avec ou sans réduction du cinquième ou du sixième de circonférence. 1 volume in-8 de 552 pages. 5 .

M. BOITARD
Collaborateur du *Musée des Familles*.

Guide-Manuel de la bonne compagnie, du bon ton et de la politesse. 1 vol. petit in-8 nouveau, produisant le format Charpentier : 3 fr. et 3 fr. 50 c. par la poste.

Les vingt-six Infortunes de Pierrot 1 vol. format Charpentier : 3 fr. et 3 fr. 50 c. par la poste.

Ouvrage de bonne et fine plaisanterie, qui excite l'hilarité depuis la première jusqu'à la dernière page, et qui devra avoir sa place dans toutes les bibliothèques, à côté de *Jérôme Paturot*. 37

ELIE BERTHET

Les Mésaventures de Michel Morin, racontées aux enfants. 1 vol. in-12, orné de 4 vignettes. 1 .
Cet ouvrage forme le pendant de *Jean-Paul Choppart*.

La Malédiction de Paris. 1 vol. grand in-18. 2 .

9

MARC DEFFAUX

Juge de paix, auteur de l'*Encyclopédie des Huissiers*.

Manuel des propriétaires et des usufruitiers, usagers, locataires et fermiers, ou Dictionnaire encyclopédique des lois des bâtiments et des lois rurales de la France. 1 très-fort v. format Charpentier de 712. Prix : 6 fr., par la poste : 7 fr.

Guide-Manuel général du Garde champêtre et du Messier, ou Traité raisonné de leurs fonctions. 1 vol. in-12, 3 fr., et 3 fr. 50 c. par la poste.

Ouvrage honoré de la souscription de Son Excellence *M. le Ministre de l'intérieur*, et recommandé par *M. le Préfet* du département du *Pas-de-Calais*, depuis préfet de *la Somme*.

Rien n'a été négligé pour rendre cet ouvrage utile; plus de deux cents formules l'accompagnent, et la compétence des gardes champêtres, qui est d'une si grande importance, l'auteur la définit de la manière la plus nette, la plus claire, et la plus précise, qui en fait le meilleur ouvrage de ce genre; il distingue les délits et contraventions pour lesquels les gardes champêtres doivent verbaliser, ceux qu'ils n'ont mission que de dénoncer ou de constater; ceux dont ils doivent donner avis aux maires, ceux pour lesquels ils doivent prêter main-forte à l'autorité, et ceux enfin pour lesquels ils ne peuvent, devant les tribunaux, être entendus que comme témoins. On conçoit quels services un semblable livre peut rendre, non-seulement aux gardes champêtres, mais aussi aux maires, aux juges de paix, avocats, avoués, huissiers, propriétaires, etc., etc. Le mérite et la supériorité de cet ouvrage sont tellement incontestables qu'il peut soutenir et défier toute espèce de comparaison avec les autres ouvrages du même genre.

LOUIS DESNOYERS

Les Aventures de Robert-Robert et de son fidèle compagnon, Toussaint Lavenette. 4e édition, entièrement refondue. 2 vol. format anglais 6 fr.; et 7 fr. par la poste.

Ce charmant livre, d'une lecture excessivement attrayante, tient à la fois du Gulliver et du Robinson; il a le double mérite de convenir à la fois aux enfants et au grandes personnes.

Les Mésaventures de Jean-Paul Choppart. Edition refondue. 1 vol. format anglais, orné de 4 vignettes, 3 fr.; et 3 fr. 50 c. par la poste.

Cet ouvrage, qui depuis vingt ans fait les délices des enfants, est trop connu pour qu'il soit besoin d'en parler.

Mme LA DUCHESSE DE DURAS

Édouard et Ourika, précédés d'une notice sur l'auteur, par G. Duplessis. 1 vol. format Charpentier......... 3—50

BUTRET, THOUIN, BOITARD, ETC.

Manuel illustré de la culture de la taille et de la greffe des arbres fruitiers, par Butret, Thouin, etc. Nouvelle édition entièrement refondue par une société d'horticulteurs, précédée d'un traité de la **circulation de la sève**, et accompagnée de quatorze gravures sur bois dessinées d'après nature, par M. Boitard, 1 vol. in-18... 1 »

RAGONOT-GODEFROY.

Manuel de la culture des plantes, arbres et arbustes de serre chaude, les plus remarquables par leurs fleurs, leurs feuilles ou leurs fruits, des plantes de serre tempérée et de la manière de les gouverner, 1 vol. in-18............................. .... » 50

LOUIS DELANOUE.

Manuel des Propriétaires et Fermiers de biens ruraux, et des Domestiques, Gens de travail et Journaliers, avec ce qui concerne la chasse, la pêche, le drainage et les irrigations, ainsi que la vaine pâture, 1 vol. in-18............................. » 50

Manuel de Législation et de Jurisprudence commerciales, ou Traité des droits et des obligations des commerçants, commissionnaires, commis, ouvriers, etc., avec ce qui concerne l'apprentissage, les livrets et les conseils de prud'hommes, 1 vol. in-12.......... 1 »

CH. CHARONVILLE ET L. DUPRÉ.

Manuel-Barème du capitaliste ou comptes faits de l'escompte, Tarif des intérêts, à tous les taux, pour toutes les sommes et pour tous les jours de l'année; ouvrage utile aux négociants, banquiers, trésoriers, rentiers, etc., etc.., 1 vol. in-12................. 1 »

HEGESIPPE MOREAU, GILBERT, COLNET.

OEuvres complètes d'Hégésippe Moreau, suivies des œuvres choisies de **Gilbert**, et de la **Biographie des Auteurs morts de faim**, par Charles Colnet, un vol. in-32. .... 1 50

CYPRIEN ROBERT.

Professeur de Littérature Slave au Collège de France.
LE MONDE GRÉCO-SLAVE, 4 vol. in-8............ 20 »

ON VEND SÉPARÉMENT :

1re PARTIE. — **Les Slaves de Turquie**, Serbes, Monténégrins, Bosniaques, Albanais et Bulgares, leurs ressources, leurs tendances et leurs progrès politiques; édition de 1844, précédée d'une introduction nouvelle sur la situation de ces peuples pendant et depuis leurs nsurrections de 1849 à 1851, 2 vol. in-8........ 18 »
2e PARTIE. — **Le Monde Slave**, Russe, Polonais, Bohême, Illyrien, et son passé, son état présent et son avenir, 2 vol. in-8................................... 10 »

Mme DE BAWR.

Soirées des Jeunes Personnes, 1 vol. in-12.... 3 »
Ouvrage couronné par l'Académie française.

MISS EDGEWORTH.

Hélène, traduction Belloc, 3 vol. in-8.......... 12 »

COMBES ET TANNISIER.

Voyage en Abyssinie (épuisé), 4 vol. d'occasion. 20 »
La Carte séparément........ .... 1 50

BIBLIOTHÈQUE DES CONNAISSANCES UTILES

Par une Société de Savants, de Littérateurs et d'Artistes.

70 à 80 vol. format in-18, à 75 c. chacun

Avis. — Les volumes suivants de la Bibliothèque des sciences et des arts dont nous avons acquis la propriété paraîtront successivement de 8 en 8 jours le samedi de chaque semaine dans la Bibliothèque des connaissances utiles.

Précis de tenue de livres, par J. Garnier............	1 vol.
Manuel des amusements de chimie, par H. Lafontaine.	1 vol.
Philosophie des sciences (physique, chimie, etc.)......	1 vol.
Traité élémentaire d'électricité, par Dujardin..........	
Des paratonnerres et de leur construction, par Gay-Lussac..	1 vol.
Le secret des inventions ou l'art d'observer, par H. Lafontaine..	1 vol.
Algèbre et logarithmes, par A. Rispal...............	1 vol.
Traité élém. d'arithmétique générale, par J. Ademar, etc.	1 vol.
Traité du change et des opér. de banque, par Garnier.	1 vol.
Guide du placement et de la spéculation à la Bourse.	1 vol.
Éléments de géométrie, avec 100 figures, par E. Pyrolle.	2 vol.
Traité de géographie physique, par Bretigny..........	1 vol.
Manuel des applications de la chaleur....	1 vol.
Id. id., Atlas de 9 pl. représentant 164 sujets........	1 vol.
Traité élémentaire de la lumière, par A. de Grandsagne.	1 vol.
Cours élémentaire de botanique génér., par J. Schiller.	1 vol.
Petit dictionnaire de marine, par E. Lamy...........	1 vol.
Traité élémentaire de marine, par J. Lecomte........	1 vol.
Introduction à la mécanique et à la physique, par A. de Grandsagne...............................	1 vol.
Traité de mécanique des solides, par le même.......	1 vol.
Méthode de dessin et de perspective, par Daix et Patrois.	1 vol.
Id. id., Atlas, 2 vol. de 60 pl. in-4o oblong, comme...	1 vol.
L'art d'étudier avec fruit, par A. de Grandsagne, etc..	1 vol.
Traité élément. des machines à vapeur, p. Grandsagne.	2 vol.
Traité de chimie inorganique ou minérale, p. Rossignon.	1 vol.
Manipulations chimiques, p. Grandsagne et Rossignon.	1 vol.
Traité élémentaire de chimie agricole, par J. Rossignon.	1 vol.
Ossements fossiles, par M. J. J. Huot................	2 vol.
Coquilles fossiles, d'après M. Deshays...............	
Histoire de la chimie, par A. de Grandsagne et C. R...	1 vol.
Laboratoire de chimie, par A. de Grandsagne.........	1 vol.
Révolutions du globe, par A. de G. et P.............	2 vol.
Principes généraux de commerce, par M. Malepeyre....	1 vol.
Notions générales sur l'industrie, par A. de Grandsagne.	1 vol.
Physique. — Théorie de la chaleur...................	1 vol.
Traité de la mécanique des fluides, par de Grandsagne.	2 vol.
Traité de chimie organique végétale et animale, par Rossignon..	2 vol.

FIN.

Paris.— Imprimerie de Dubuisson et Cie, rue Coq-Héron, 5.

www.ingramcontent.com/pod-product-compliance
Lightning Source LLC
LaVergne TN
LVHW051030200726
843508LV00001B/284